常州市金坛中小学综合实践基地

快乐生活 幸福成长

常州市金坛中小学综合实践基地校本课程实施方案

主编 戴锁庆 李俊 陈瑜

中国出版集团 现代出版社

图书在版编目(CIP)数据

快乐生活　幸福成长：常州市金坛中小学综合实践基地校本课程实施方案 / 戴锁庆，李俊，陈瑜主编. —北京：现代出版社，2021.6

ISBN 978-7-5143-9327-9

Ⅰ.①快… Ⅱ.①戴… ②李… ③陈… Ⅲ.①活动课程—教学研究—中小学 Ⅳ.①G632.3

中国版本图书馆CIP数据核字（2021）第133559号

快乐生活　幸福成长：常州市金坛中小学综合实践基地校本课程实施方案

作　　者　戴锁庆　李　俊　陈　瑜
责任编辑　袁　涛
出版发行　现代出版社
地　　址　北京市安定门外安华里504号
邮政编码　100011
电　　话　010-64267325　64245264
网　　址　www.1980xd.com
电子邮箱　xiandai@cnpitc.com.cn
印　　制　北京政采印刷服务有限公司
开　　本　710mm × 1000mm　1/16
印　　张　7.25
字　　数　116千字
版　　次　2022年4月第1版　2022年4月第1次印刷
书　　号　ISBN 978-7-5143-9327-9
定　　价　45.00元

编委会

快乐生活

幸福成长

序言

“纸上得来终觉浅，绝知此事要躬行。”综合实践活动强调学生综合运用各学科知识，认识、分析和解决现实问题，提升综合素质，着力发展核心素养，特别是社会责任感、创新精神和实践能力，以适应快速变化的社会生活、职业世界和个人自主发展的需要，是学生从学校到社会的过渡、知识和工作的衔接。近年来，金坛中小学综合实践基地（以下简称“基地”）大力开发综合实践活动课程的资源和校本研修工作，重视学生的实践体验，使学生向生活和社会回归，从而促进学生的全面发展。

“行是知之始，知是行之成。”综合实践活动从学生的真实生活和发展需要出发，面向学生完整的生活世界，引导学生从日常学习生活、社会生活或与大自然的接触中提出具有教育意义的活动主题，主动参与并亲身经历实践过程，使学生体验并践行价值信念，获得关于自我、社会、自然的真实体验，建立学习与生活的有机联系，培养学生的综合素质。

“聚沙成塔，集腋成裘。”青少年时代是我们人生中的一个重要阶段，不仅是许多行为习惯的养成阶段，也是人生观、价值观、审美观逐渐形成的阶段，综合实践活动能很好地引导学生深入理解和践行社会主义核心价值观。我们要有目的地让学生实践，充分发挥综合实践课程在立德树人中的重要作用。因此，课程是基地的灵魂，课程的开发是基地工作的重中之重。为了更好地促进青少年全面、健康地发展，我们编写了《快乐生活　幸福成长：常州市金坛中小学综合实践基地校本课程实施方案》。教材紧贴学生实际，分五个篇章，每个篇章各自独立又互相联系、相辅相成。随着校本课程的实施，我们相信，学生一定会在活动中快乐生活、幸福成长。

编写说明

随着课程改革的不断深入，为了丰富基地的活动内容，引导学生深入理解和践行社会主义核心价值观，充分发挥综合实践课程在立德树人中的重要作用，基地成立了《快乐生活　幸福成长》校本教材编写组，组织骨干教师，集中力量调研论证，根据实际情况因地制宜，挖掘基地内涵，形成了适合基地的课程。编写这本教材意在通过丰富的综合实践活动，培养学生热爱劳动、热爱劳动人民的感情，培养学生艰苦奋斗、吃苦耐劳和集体主义精神，培养学生的社会责任感、创新精神和实践能力。

教材的编写紧密围绕“快乐生活　幸福成长”这条立德树人的主线，针对广大青少年学生的年龄特点和认知水平，引导学生主动参与并亲身经历实践过程，体验并践行价值信念，在活动中发展，在活动中成长。本教材开发的课程紧贴学生生活，让学生在活动中享受生活，走向多元的、动态的、开放的日常生活，让活动回归生活、回归自然，把活动的触角延伸到生活世界。让学生在活动中享受生命，在活动中获得成功、实现自我、提高能力。

本教材坚持教育与生产劳动、社会实践、红色传承相结合，适用于综合实践活动的组织与实施，编撰了项目实践篇、职业体验篇、劳动实践篇、研学实践篇、国防教育篇五个主题教育内容，形成了一套完整的、个性化的校本教育体系，旨在培养学生树立正确的人生观和价值观，培养学生积极向上的生活习惯和学习态度，使其适应于社会、服务于社会，做有益于社会的人。

目录

项目实践篇

职业体验篇

劳动实践篇

研学实践篇

国防教育篇

快乐生活

幸福成长

项目实践篇

无人机课程

法制课程

为全面贯彻党的教育方针，落实文件精神，坚持育人为本、德育为先，全面深化未成年人思想道德建设，全面推进素质教育，完善中小学生参加社会实践活动的运行机制，加强对社会实践活动的管理，使中小学生社会实践活动真正落到实处，基地开设了法治、科技、艺术和农耕几个专题课程，让学生在不同的课程中有所收获。

与法同行　健康成长

【活动目标】

（1）通过看视频、模拟情境、亲手制作等活动，了解酒驾的危害，知道酒驾相关的处罚规定。

（2）模拟相应的情境，让学生体验火场逃生、包扎以及心肺复苏的过程，从而掌握相关的方法和技能。

（3）利用不同情境，提升学生预防危害的意识，培养学生的合作交流能力与动手能力，引导学生监督家长，发挥小手拉大手的作用。

【活动准备】

（1）材料准备：拼图、三角巾、模拟人、各类车饰材料包、任务单等。

（2）人员准备：分5组，10～12人为一组。

（3）场所准备：面塑馆。

【指导建议】

（1）教师应提前准备好教学PPT、各项道具以及任务单。

（2）活动过程中，教师应让学生充分发挥自身的想象力与创造力。

（3）危情处理活动时，教师应多在现场巡视，及时引导学生有序活动。

【活动实施】

（一）分组

开展寻找拼图活动，将学生分为10个组，分别为自行车组、摩托车组、汽车组、火车组、飞机组、消防车组、卡车组、轮船组、警车组、校车组。

分组规则：每名学生进入教室前随机抽取一张汽车卡片拼图，依次进入教室，根据所抽取的拼图寻找对应桌上的实物，能够完整拼出一幅图的学生为一组。

（二）导入

播放PPT，让学生了解什么是法律、与未成年人息息相关的法律有哪些。

（三）活动过程

1. 认识危害

（1）看一看。

出示一起影响巨大、结果惨烈的酒驾车祸图片，启发学生思考。

（2）填一填。

各小组在组长的带领下完成信息采集表。

姓名	家中是否有车	什么类型的车	谁在驾驶	平时是否喝酒	平时有无应酬

（3）看一看。

播放视频：让学生看看身边的案例。

2009年，张某在深度醉酒的状态下独自驾驶一辆轿车，在行驶过程中连续肇事，造成五死四伤、数辆机动车受损的严重后果。案发时，张某血液中乙醇含量高达381.5毫克/100毫升，属于醉酒状态。

（4）写一写。

案例分析

喝了多少酒	
造成了多大伤亡	
对社会有哪些影响	

（5）学一学。

出示《中华人民共和国道路交通安全法》第九十一条规定，学生自主学习。

《中华人民共和国道路交通安全法》第九十一条规定：

	饮酒驾驶	醉酒驾驶
机动车	处暂扣六个月机动车驾驶证，并处一千元以上二千元以下罚款	由公安机关交通管理部门约束至酒醒，吊销机动车驾驶证，依法追究刑事责任；五年内不得重新取得机动车驾驶证
营运机动车	处十五日拘留，并处五千元罚款，吊销机动车驾驶证，五年内不得重新取得机动车驾驶证	由公安机关交通管理部门约束至酒醒，吊销机动车驾驶证，依法追究刑事责任；十年内不得重新取得机动车驾驶证。重新取得机动车驾驶证后，不得驾驶营运机动车
饮酒后或者醉酒驾驶机动车发生重大交通事故，构成犯罪的，依法追究刑事责任，并由公安机关交通管理部门吊销机动车驾驶证，终生不得重新取得机动车驾驶证		

（6）想一想。

学生思考：为什么有那么多人喝了酒还要开车？

（7）听一听。

交警说酒驾。

公安部的权威数据显示：

自2011年5月1日醉驾被认定为犯罪以来，三年间公安机关年均检查近1亿人次。

2013年全国共查处酒驾事件150万起。

2014年全国共查处酒驾事件65万起。

2015年3月1日至4月30日，全国共查处酒驾13.8万起，环比2015年1月至2月（下同）增加26%。其中，在农村地区查处酒驾2.3万起，环比增加23.5%。其间，全国发生涉及酒驾的交通事故起数、死亡人数环比分别下降23.2%和32.8%。

（8）说一说。

喝酒对驾驶者的六个影响。

① 视觉障碍。

② 运动反射神经迟钝。

③ 触觉能力降低。

④ 判断能力和操作能力降低。

⑤ 心理产生错误认知。

⑥ 易疲劳。

（9）议一议。

① 小组讨论：如果你的爸爸喝酒之后强行要开车，你会说什么？

② 小组交流。

③ 教师小结。

2. 危情处理

（1）聊一聊。

讨论与交流：交通事故发生后，你会怎么做？

（2）学一学。

播放PPT，学生学习车祸发生后正确的处理步骤。

① 车祸发生时，驾乘者应沉着冷静，保持清醒的头脑，千万不要惊慌失措。

② 驾驶人要迅速辨明情况，按照“先救人，后顾车；先断电路，后断油路”的原则，把事故损失降到最低。

③ 发生翻车事故时，驾驶人应紧紧抓住方向盘，两脚钩住离合器踏板或油门踏板，尽量使身体固定，防止在驾驶室内翻滚、碰撞而导致伤害。

④ 在撞车事故中，巨大的撞击力常常对人体造成重大伤害。为此，搭乘人

员应紧握扶手或靠背，同时双脚稍微弯曲，用力向前蹬，使撞击力尽量消耗在自己的手腕和腿之间，减缓身体向前冲的速度和力量。

⑤ 在公路上发生车祸时，要注意保护好现场，及时救护伤员，尽快报警，争取得到交通警察的帮助，防止造成交通堵塞。

（3）想一想。

小组讨论一：根据PPT上的提示，想一想引起火灾的原因有哪些？

汽油、电路、燃气。

小组讨论二：结合PPT中灭火器的分类和适用范围，想一想如何选取灭火器？

小组讨论三：小组合作讨论，完成任务单。

如果遇到下列情形，你会怎么做	
车辆起火	
人员受伤骨折	
人员昏迷	

（4）动一动。

进入场馆学习，体验火场逃生、包扎、心肺复苏的步骤。

第一，进入场馆进行火场逃生演习。

第二，学习骨折固定和包扎技能。

① 前臂骨折临时固定方法。

患肢屈90度，拇指向上。取两块合适的夹板，其长度超过肘关节至腕关节的长度，分别置于前臂的内、外侧。用绷带于两端固定牢，再用三角巾将前臂悬吊于胸前，呈功能位。

② 包扎方法。

包扎可以起到快速止血、保护伤口、防止进一步污染、减轻疼痛的作用。包扎材料有创可贴、纱布、绷带、三角巾或其他干净布料等。

下面说明几种常用的包扎方法。

绷带螺旋包扎：这种方法适用于肢体、躯干部位的包扎。首先用无菌敷料盖住伤口，然后用绷带环形缠绕两圈，从第三圈开始，环绕时压住一圈的1/2或1/3，最后用胶布粘贴固定。

三角巾腹部包扎：将三角巾底边向上、顶角向下横放在腹部，两个底角围绕到腰部后面打结，最后将顶角从两腿间拉向后面与两底角连接处打结。

3. 情境体验

（1）小科普。

什么是5D？什么是VR？

（2）认一认。

你认识下面的道路交通标志吗？

我是小交警				
标志图片				
内容解释				
标志图片				
内容解释				

（3）开一开。

以小组为单位，在室外规定场所内模拟驾驶。根据交通标志驾驶，由组长计分，得分最高者给予小礼品作为奖励。

4. 预防在先

（1）想一想。

生活中，最关心你的人是谁呢？让我们一起动手做个小礼物送给他吧！

（2）设计与制作。

根据每组桌上的材料，设计一款车挂件、车摆件或其他汽车装饰品。30分钟内，将你设计的小产品制作出来吧！

（3）创新与发明。

小红的爸爸经常喝酒，为此小红和妈妈非常着急害怕，请你为小红想想办法，为她家的车设计一项小发明，提示小红爸爸在饮酒后不要开车（并附上你的产品说明书）。

创意说明书			
创意对象名称		发明项目名称	
组别		成员	
附图：作品设计图（必须标明各组成部分的名称及作用）			
作品文字说明：			

（4）产品大比拼。

以小组为单位，开展讨论：如果你是一名销售员，如何将自己设计的产品推销给更多人？

探悟科技　体验生命美好

【活动目标】

（1）通过展示眼睛结构的图片与实物，知道人眼成像的原理以及眼睛近视的成因，掌握保护视力的方法。

（2）通过表演“艺术之眼”，了解“眼睛之礼”，学会正确用眼。

（3）通过制作3D眼镜，激发学生对科技的兴趣，培养学生的动手能力与合作能力。

【活动准备】

（1）材料准备：抽奖箱、字条、白纸、铅笔、红色和蓝色塑料、剪刀等。

（2）人员准备：10人为一组，分5～6组。

（3）场所准备：泥塑馆。

【指导建议】

（1）教师应提前准备好教学PPT、各项道具以及任务单。

（2）活动过程中，教师应让学生充分发挥自身的想象力与创造力。

（3）制作3D眼镜时，教师应多在现场巡视，及时关注学生的安全问题。

【活动实施】

（一）活动分组

抽一抽：盒子里装有写着眼睛、鼻子、耳朵、嘴巴的小字条，学生随机抽取，抽到相同字条的为一组。

（二）身体的秘密

学生以小组为单位，进入医务室自行体检，并完善个人体检表的信息。

个人体检表			
姓名：	身高：　　　米	体重：　　　公斤	视力：
心跳：　　　次/分		收缩压：　　　舒张压：	
你的血压是否正常：□是□否			
你的心跳是否正常：□是□否			
你的体质指数是多少： 属于什么体形：			
心率正常值：60～100次/分			

中国人的平均正常血压参考值				
年龄（岁）	收缩压（男）	舒张压（男）	收缩压（女）	舒张压（女）
16~20	115	73	110	70
21~25	115	73	110	71
26~30	115	75	112	73
31~35	117	76	114	74
36~40	120	80	116	77
41~45	124	81	122	78
46~50	128	82	128	79

标准	WHO标准	亚洲标准	中国标准
偏瘦	＜18.5		
正常	18.5～24.9	18.5～22.9	18.5～23.9
超重	≥25	≥23	≥24
偏胖	25.0～29.9	23～24.9	24～27.9
肥胖	30.0～34.9	25～29.9	≥28
重度肥胖	35.0～39.9	≥30	—
极重度肥胖	≥40		
体质指数（BMI）=体重（kg）÷身高^2（m） 最理想的体质指数是22			

（三）眼睛的秘密

1. 说一说

（1）学生说出眼睛的组成部分和结构。

（2）出示图片及实物，展示眼睛的结构。

（3）学习眼睛成像原理。

视觉的形成过程：外界物体反射来的光线，依次经过角膜、瞳孔、晶状体和玻璃体，并经过晶状体等的折射，最终落在视网膜上，形成一个物像。视网膜上有对光线敏感的细胞，这些细胞将图像信息通过视神经传递到大脑的一定区域，人就产生了视觉。

2. 填一填

（1）填写视力调查表。

（2）统计一下你们小组内近视的人占多少比例，不近视的占多少比例，男生、女生近视的占多少比例。

视力调查表	
姓名：	你近视吗？是□　否□

（四）保护眼睛

1. 看一看

（1）观看视频：为什么会近视？

（2）正常眼睛与近视眼睛的区别：近视眼睛与正常眼睛的屈光度不同，眼球的眼轴长度及其眼底同样会发生明显变化，近视眼是眼睛在调节松弛状态下，平行光线经眼睛的屈光系统折射后焦点落在视网膜之前。

（3）观看视频：如何预防近视。

（4）归纳预防眼睛近视的八个知识点。

① 不要在暗光或太阳光下读书写字。

② 眼睛要与书保持约20厘米的距离，也就是一把尺子的长度，或者把手张开，小拇指到大拇指的距离。

③ 注意用眼的时间，看书或写字30～60分钟，就要合眼休息一会儿，或眺望远处，这样能使调节视力的睫状肌得到休息。

④ 与电视（电脑）保持距离，看电视时至少距离电视2.5米，上网时与电

脑保持约70厘米的距离。离屏幕越近，对眼睛的辐射越强，必须保持一定的距离，减少对眼睛的伤害。

⑤ 做好眼保健操。

⑥ 生活要有规律，每天要有充足的睡眠。

⑦ 积极参加体育锻炼，多吃蔬菜水果。

⑧ 少玩电子产品。

（5）小结：如何预防近视加重。

2. 做一做

教师指导眼保健操的正确做法，学生做眼保健操。

3.填一填

以小组为单位填写表示眼神的词语和成语。

艺术之眼		
描写眼神的成语	（ ）（ ）（ ）（ ） （ ）（ ）（ ）（ ）	（ ）（ ）（ ）（ ） （ ）（ ）（ ）（ ）
描写眼神的词语	（ ）（ ）的眼神	（ ）（ ）的眼神
	（ ）（ ）的眼神	（ ）（ ）的眼神

4. 演一演

（1）以小组为单位，表演自己写的成语、词语。

（2）说一说图片展示的是什么眼神，并以小组为单位表演图片上的眼神。

5. 学一学

学习“眼睛之礼”。

（1）注视的时间。

一般来说，与别人谈话时眼睛的注视时间要占谈话时间的2/3。

（2）注视的部位。

额头上，属于公务型注视，在不太重要的事情和时间也不太长的情况下适用；眼睛上，属于关注型注视；眼睛至唇部，属于社交型注视；眼睛到胸部，属于亲密型注视。

（3）角度。

平视，表示平等；斜视，表示失礼；俯视，表示轻视别人。

正确的做法是：当与人交谈时，目光应正视对方的眼、鼻三角区，以示尊重。

（4）不要用鄙视的眼神看人。

6. 做一做

每人利用手中的材料制作简易3D眼镜。

3D眼镜

（五）科技之眼

（1）让学生了解中国天眼——北斗的知识。

（2）利用3D打印机设计和打印的眼睛模型（Maya建模）。

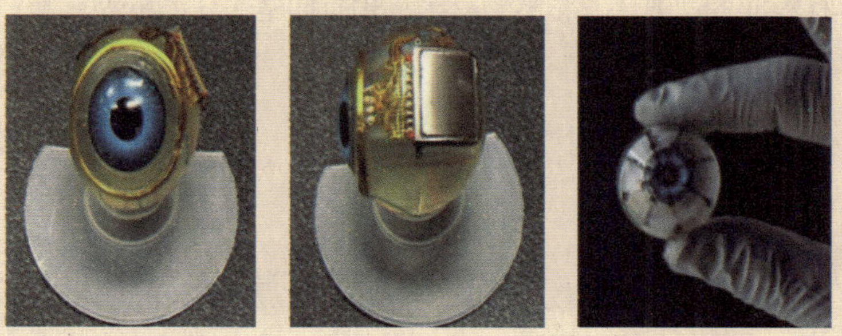

眼睛模型

体验科技 彰显艺术魅力

【活动目标】

（1）通过观看折花捏花视频，掌握折花捏花的步骤。

（2）通过学习花朵的花语，学会在不同场合及不同节日送花的礼仪。

（3）经历3D打印过程，体验3D科技发展带来的乐趣。

【活动准备】

（1）材料准备：纸盒、彩笔、彩泥、3D打印笔、任务单等。

（2）人员准备：10人为一组，分5～6组。

（3）场所准备：搭建馆。

【指导建议】

（1）教师应提前准备好教学PPT、各项道具以及任务单。

（2）制作花朵时，教师应让学生充分发挥自身的想象力与创造力。

（3）活动过程中，教师应及时关注学生的实践过程与成果，检测是否达到预期效果。

【活动实施】

（一）分组

以5组为例，学生随机抽取盒子里5句关于花的诗，抽到相同诗句的为一组。

（二）活动过程

1. 画一画

（1）学生利用彩笔画百合花。

（2）每组根据小组内的作品讨论推选出画得最好的为组长。

2. 折一折

（1）观看视频：百合花的折法。

（2）以小组为单位，每人折一朵百合花。

3. 捏一捏

（1）学生欣赏有关花的图片。

（2）学生利用彩泥捏一捏自己喜欢的花朵。

4. 填一填

学生根据要求填写调查表。

调查表	
家里面最关心你的人是谁	
你能说出他让你感动的事情吗	

5. 做一做

（1）教师指导、示范3D打印笔的使用方法。

（2）学生利用3D打印笔制作花朵送给最关心自己的人。

6. 学一学

（1）看图片认识花朵。

（2）掌握对应花朵的花语。

（3）掌握特殊节日送哪种花。

7. 填一填

分组填写指定情境送什么花。

送花的艺术	
（1）小明生病了，我们大家要去探望他，送什么花呢	
（2）小红过生日，送什么花呢	
（3）乔迁的时候，送什么花呢	
（4）清明节送什么花	

8. 学一学

学习日常生活中特殊情境下送花的常识。

生病：

探望病人时不要送整盆的花，以免病人误会为久病成根。看望病人宜送康乃馨、马蹄莲、百合等，绝不可送白色、蓝色和黑色的花卉。还要忌送4、9、13等数目的花朵。

生日：

妈妈：康乃馨作为送给母亲的花，可以送红色、粉色，也可以加一些百合。

爸爸：太阳花，寓意父亲像伟大的太阳。万物生长靠太阳，只有在太阳的关爱下，子女才能得以茁壮成长。

朋友：宜送百合、天堂鸟、向日葵，象征着“火红年华，前程似锦”。

乔迁：

红掌、富贵竹、幸福树。

清明节：

白菊花、百合花、黄菊花。

传承农耕文化　弘扬红色精神

【活动目标】

（1）通过小组观察、合作等活动，了解不同种子、蔬菜及不同颜色大米的特征和作用。

（2）通过探究蔬菜与人体的关系，了解多吃蔬菜的益处以及如何科学地食用蔬菜，并能合理安排自己的饮食。

（3）通过调查、研讨等小组合作活动，培养学生的信息处理能力、动手能力以及与他人交流、合作的能力。

（4）通过查阅文献、动手制作等活动，了解袁隆平与严清华的优秀品质和成就，提升对袁隆平的尊敬之情，培养学生崇尚英雄的思想感情。

【活动准备】

（1）材料准备：信封、卡片、马甲、蔬菜种子、蔬菜、黄金大米、彩笔、彩泥、彩纸、刻刀、任务单等。

（2）人员准备：分5组，10～12人为一组。

（3）场所准备：体验馆。

【指导建议】

（1）教师应提前准备好教学PPT、各项道具以及任务单。

（2）教师应提前学习合理膳食、营养均衡等相关知识。

（3）教师应提前掌握关于袁隆平、严清华的相关知识。

（4）活动过程中，教师应让学生充分发挥自身的想象力与创造力。

（5）教师应及时关注学生的实践过程与成果，检测是否达到预期效果。

【活动实施】

认识种子

（一）寻找小伙伴

利用谜语分组，规则如下。

（1）学生进入大厅，每名学生依次抽取一个信封。

（2）学生同时打开信封，思考信封内的谜语。

（3）学生进入教室，根据各自的谜底在摆放对应实物的桌边坐下，同一个谜底的学生为一组。

（二）“我是小小志愿者”选拔

小组推选一位志愿者并穿上志愿者马甲。

（三）猜猜我是谁

（1）每张桌上用密封袋装好五种蔬菜种子，学生观察、讨论，并填写任务单。

（2）小组交流观察结果，教师用PPT展示五种种子的图片让学生连一连。

种子1

种子2

种子3

种子4

种子5

五种种子图片

小任务（一）				
组别：		组员：		
认一认：经过观察与讨论，你认为它们分别是什么种子？请把它们写下来。				
种子1：	种子2：	种子3：	种子4：	种子5：

（3）出示其他几种蔬菜让学生进行辨别。

（四）科学饮食我能行

1. 学生完成调查表

小任务（二）		
姓名	平时是否爱吃蔬菜	喜欢吃的蔬菜种类有哪些

2. 学生了解吃蔬菜的重要性

出示人体结构图，学生进行观察，了解人体部位与食物之间的联系。观看《小岚的故事》，让学生明白蔬菜对身体健康很重要。

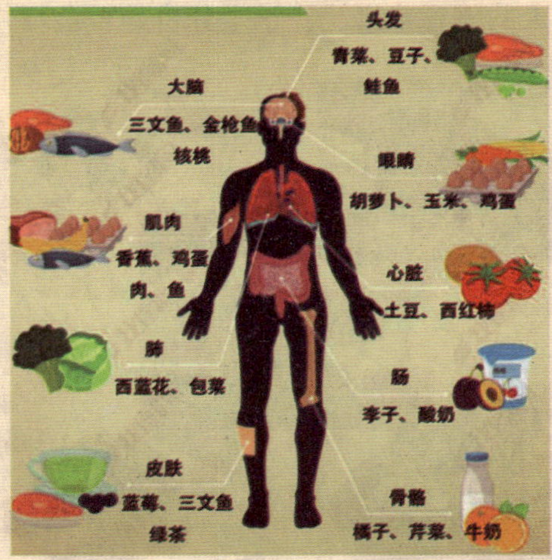

人体各部位所需食物

3. 探究如何合理地吃蔬菜

（1）阅读资料：蔬菜需要吃多少？

据食品与营养咨询委员会统计，蔬菜有三宝，一天不能少。蔬菜中含有大量的维生素、膳食纤维和微量元素。中老年人每天需要摄入500克蔬菜，年轻人每天需要摄入500 ~ 750克蔬菜。

（2）游戏：连连看，寻找营养含量丰富的蔬菜。

学生分组合作探究，根据资料与视频完成任务单，进一步了解蔬菜颜色与人体器官的关系以及不同的作用。

小任务（三）			
蔬菜颜色	蔬菜种类	对应人体器官	作用
绿			
	西红柿、甜辣椒		
黄			
			有助于延缓衰老，增加肾上腺分泌，调节新陈代谢，改善心情
		肺	

（3）以《蔬菜歌》作为总结，让学生知道如何科学地吃蔬菜。

4. 科学饮食

（1）出示最近一天的午餐菜谱，让学生分析是否合理并提出建议。

午餐菜谱

（2）以小组为单位，设计一份健康的午餐食谱。相互交流，自我点评。

小任务（四）	
组别：	组员：
设计营养餐：请你根据学习到的知识，设计一份营养合理的午餐。（五菜一汤）	

（五）拓展延伸

为食堂餐桌设计一条健康标语。

种子精神

一、看一看

2004年“感动中国十大人物”中有这样一段颁奖词：“他是一位真正的耕耘者，当他还是一名乡村教师的时候，已经具有颠覆世界权威的胆识；当他名满天下的时候，却仍然只是专注于田畴，淡泊名利，一介农夫，播撒智慧，收获富足。他毕生的梦想，就是让所有的人远离饥饿，喜看稻米菽千重浪，最是风流________。”大家能猜出来他是谁吗？我们一起来看看吧。

1. 观看袁隆平的视频，了解袁隆平的事迹。

2. 看袁隆平在田地里钻研的样子，感受甘于奉献的袁隆平精神。

二、读一读

阅读袁隆平简介。

三、赞一赞

1. 了解袁隆平水稻研究历程。

2. 人们是如何评价袁隆平以及袁隆平有哪些成就。

四、说一说

1. 袁隆平有哪些故事呢？

2. 请用几个简短的词语概括袁隆平精神。

3. 除了袁隆平，你还知道哪些人拥有这些优秀品质与精神？

五、做一做

根据之前对袁隆平的了解，请你用桌子上的现有材料为他制作一份小礼物。

六、猜一猜

1. 给每组学生发一份黄金大米和一份黄金大米的介绍，让学生猜一猜、辨一辨。

2. 由黄金大米引出“金坛小袁隆平”——严清华。

七、比一比

1. 了解黄金村以前到现在的巨变。

2. 观看严清华的视频，了解为什么他被称为“金坛小袁隆平”。

八、看一看

1. 向学生介绍金坛区朱林镇黄金村的彩色大米。

2. 英雄就在我们身边，在各行各业中，只要努力就有出路。黄金村的巨大变化离不开严清华，我们一起来看看他和黄金村的故事。

九、说一说

金坛除了黄金大米，还有哪些名优产品？

建昌红香芋、朱林水芹、金坛雀舌。

十、想一想

1. 铁路的开通改变了金坛无铁路的历史。区政府将在高速出口、高铁站旁的高塔广告牌以及各大农产品合作社的展示区放上我们名优特优产品的广告，请同学们集思广益，为区政府出主意，各组为广告牌设计一份方案。

2. 金坛有这么多的名优特优产品，你们能为它们设计一个创意广告，让它们走出金坛、走向全国吗？

职业体验篇

小小守门员

小小讲解员

“三百六十行，行行出状元。”生活即教育，让学生走进真实的生活，看着人间烟火中的工作百态，理解每一份工作背后的责任，感受每一个任务背后的艰辛。在观察、了解和交流中明白“职业无贵贱”这个道理，从而能够发自内心地尊重每一位工作者。

我是小讲解员

【活动目标】

（1）通过讲解活动，学生能够了解各个场馆所涉及的知识。

（2）通过参观场馆、写讲解词并讲解场馆，能够清楚、准确地表达所讲解的内容，能更好地与他人沟通和交流。

（3）通过体验讲解员的一系列工作，培养学生服务社会和尊重他人的优秀品质。

【活动准备】

（1）材料准备：各场馆任务单、考核单、布局图、签字笔、奖品等。

（2）人员准备：学生6～8人为一组。

（3）场所准备：农耕文化体验馆、青少年法治体验馆。

【指导建议】

（1）活动前，教师需向学生强调安全注意事项以及场馆卫生。

（2）活动过程中，教师提醒学生在遵守活动规则和活动要求的情况下，充分发挥组员的沟通能力和合作能力。

（3）教师注意观察学生在活动中的表现，检验学生是否达到活动的预期目标和要求。

【活动实施】

（一）活动分组

通过1、2循环报数将学生分为两大组，每组自由推荐一名小组长。

（二）活动流程

（1）学生根据任务单的要求，在规定时间内参观完展馆的各个区域，并撰写一份50～100字的讲解词。

（2）各小组推荐一名学生进行讲解，并选出一名优秀代表，然后A、B两组的优秀代表进行PK，最终选出一名小小讲解员。

（3）示范讲解。场馆工作人员负责学生的答疑解惑、设备保障以及人身安全。

讲解评判标准：礼貌用语是否规范、普通话是否标准、声音是否响亮、仪态是否合理以及讲解是否条理分明、清晰准确、生动形象。

（三）活动材料

1. 农耕文化体验馆

农耕文化体验馆任务单

1. 参观场馆中教师指定的一个区域，15分钟内撰写一份解说词，然后在教师的组织下进行PK。

2. 继续参观场馆的其他区域，30分钟内完成参观并撰写一份完整的讲解词，小组间展开PK。

3. 活动期间，各小组排队有序参观展馆，不大声喧哗，不乱扔垃圾，不损坏设备。教师根据各组的表现和组长考核结果给予适当的奖励。

讲解评判标准：礼貌用语是否规范、普通话是否标准、声音是否响亮、仪态是否合理以及讲解是否条理分明、清晰准确、生动形象。

序厅（填写解说词）

根基——种子墙（填写解说词）

探索——城市立体农场（填写解说词）

发展——无土栽培（填写解说词）

体验区（填写解说词）

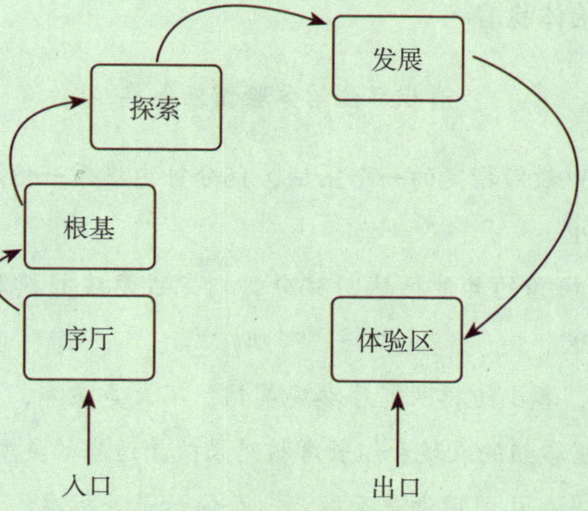

农耕文化体验馆布局图

农耕文化体验馆考核细则

1. 组长带领组员实践活动期间一律排队行走，有序参观展馆，禁止大声喧哗，禁止乱扔垃圾，禁止损坏设备。

2. 礼貌用语是否规范、普通话是否标准、声音是否响亮、仪态是否合理以及讲解是否条理分明、清晰准确、生动形象。

3. 实践活动考核结束后，组长带领组员根据考核结果到考核点领取相应的奖励，并领取下一个实践活动任务单。

“小小讲解员”农耕文化体验馆考核单

组别	序号	姓名	等次	
			A	B
	1			
	2			
	3			
	4			
	5			
	6			
	7			
	8			
组长签名				

2. 青少年法治体验馆

青少年法治体验馆任务单

1. 参观场馆中教师指定的一个区域，15分钟内撰写一份解说词，然后在教师的组织下进行PK。

2. 继续参观场馆的其他区域，30分钟内完成参观并撰写一份完整的讲解词，小组间展开PK。

3. 活动期间，各小组排队有序参观展馆，不大声喧哗，不乱扔垃圾，不损坏设备。教师根据各组的表现和组长考核结果给予适当的奖励。

讲解评判标准：礼貌用语是否规范、普通话是否标准、声音是否响亮、仪态是否合理以及讲解是否条理分明、清晰准确、生动形象。

序厅（填写解说词）

人生的十字路口（填写解说词）

警钟长鸣（填写解说词）

法律长廊（填写解说词）

尾厅（填写解说词）

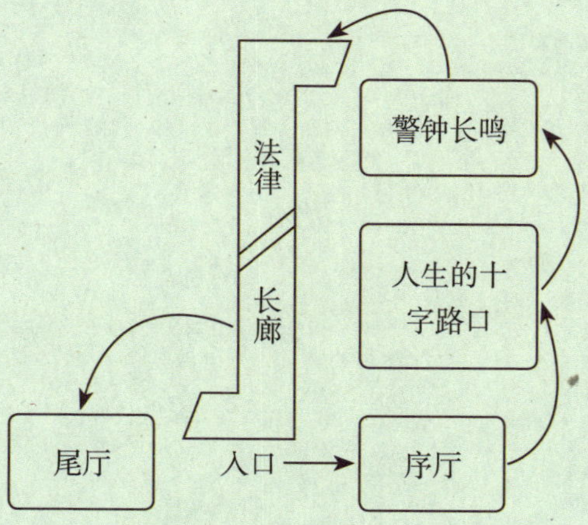

青少年法治体验馆布局图

青少年法治体验馆考核细则

1. 组长带领组员实践活动期间一律排队行走，有序参馆展馆，禁止大声喧哗，禁止乱扔垃圾，禁止损坏设备。

2. 礼貌用语是否规范、普通话是否标准、声音是否响亮、仪态是否合理以及讲解是否条理分明、清晰准确、生动形象。

3. 实践活动考核结束后，组长带领组员根据考核结果到考核点领取相应的奖励，并领取下一个实践活动任务单。

“小小讲解员”青少年法治体验馆考核单

组别	序号	姓名	等次	
			A	B
	1			
	2			
	3			
	4			
	5			
	6			
	7			
	8			
组长签名				

我是采购员

【活动目标】

（1）通过登记食品分类表的活动，了解各类食品的信息。

（2）通过小组竞赛的活动，学生能够辨别出食品的真伪。

（3）观看“3·15”晚会，提高学生消费者权益保护的意识，树立以诚信为本的观念。

【活动准备】

（1）材料准备：食品分类任务单、签字笔、基地地图、宣传资料《如何辨别假冒伪劣产品》、五类真假产品、5张桌子、秒表、投影仪、多媒体。

（2）人员准备：学生10～12人为一组。

（3）场所准备：基地服务部、教室。

【指导建议】

（1）提前找到相关人士根据要求采购假冒伪劣产品。

（2）活动过程中，教师提醒学生在遵守活动规则和活动要求的情况下，充分发挥组员的学习能力、合作能力。

（3）教师注意观察学生在活动过程中的表现，检测学生是否达到预定的活动目标和活动要求。

【活动实施】

（一）分组

通过报数的方式将学生分为三大组后，再利用“桃花朵朵开”的小游戏将学生分为10～12人一组，并自由推荐一名小组长。

（二）食品分类登记

学生根据地图找到学生服务部，教师给每组分发食品分类表，学生根据要求进行登记。

食品分类表1

种类	食品名称	产品标准号	生产日期	保质期	单价	营养成分比例（前三）	有无产品质量安全标志
膨化食品类							

食品分类表2

种类	食品名称	产品标准号	生产日期	保质期	单价	营养成分比例（前三）	有无产品质量安全标志
肉干类							

食品分类表3

种类	食品名称	产品标准号	生产日期	保质期	单价	营养成分比例（前三）	有无产品质量安全标志
蛋糕饼干类							

食品分类表4

种类	食品名称	产品标准号	生产日期	保质期	单价	营养成分比例（前三）	有无产品质量安全标志
蜜饯果脯类							

食品分类表5

种类	食品名称	产品标准号	生产日期	保质期	单价	营养成分比例（前三）	有无产品质量安全标志
饮料类							

（三）学会辨别伪劣产品

（1）将《如何辨别假冒伪劣产品》的资料藏在服务部，学生找到资料，通过阅读分析材料辨别五组真假产品。

《如何辨别假冒伪劣产品》资料：

① 初级版：看包装袋、储存条件和保质期。

包装粗糙、储存不当的商品不要购买，尽量买生产日期较新的食品。

② 进阶版：看生产日期、生产许可证编号、生产厂家三个信息。

编号可以在食药局的官方网站查询、核实。

③ 高级版：学会看配料表。

A. 排名越靠前的配料用量越多，以此来分辨买的食品是否货真价值。

B. 警惕“香精调制”冒充“真材实料”。

（2）将5组需要辨别的产品摆在5张桌子上，学生根据已掌握的材料来辨别真假。

（3）用时最快的学生可以得到一份真产品。

（四）观看视频

组织学生观看“3·15”晚会，并分享感受。

我是小门卫

【活动目标】

（1）通过观看视频，学生能够了解门卫工作的重要性。

（2）通过采访门卫的活动，学生能够学会安全器械的使用技能。

（3）通过体验门卫日常管理的活动，学生能够提高对门卫的理解与尊重。

【活动准备】

（1）材料准备：三种任务单、投影仪、多媒体、彩泥、绘本、画笔等。

（2）人员准备：学生10～12人为一组。

（3）场所准备：门卫值班室、知识馆三楼。

【指导建议】

（1）开展活动前，教师需向学生强调安全注意事项。

（2）活动过程中，教师提醒学生在遵守活动规则和活动要求的情况下，充分发挥自身的想象力和创造力。

（3）教师注意观察学生在活动中的表现，检验学生是否达到活动的预期目标和要求。

【活动实施】

（一）分组

通过报数的方式将学生分为三大组后，再利用“桃花朵朵开”的小游戏将学生分为10～12人一组，并自由推荐一名小组长。

（二）找地点

学生需根据任务单1上的故事寻找隐藏的活动地点。（门卫）

任务单1：

十月革命刚刚胜利，一天早晨，朝阳透过薄雾，把金色的光辉洒在高大的斯莫尔尼宫上。

人民委员会就设在斯莫尔尼宫，在门前站岗的是新战士洛班诺夫。班长叮嘱他说："洛班诺夫同志，你今天第一次站岗。到这里来的人很多，你的任务是检查他们的通行证。列宁同志要来这里开会，你千万不能让坏人混进来！"

"是，班长同志。"洛班诺夫行了个军礼，"我以革命的名义保证，一定为列宁同志站好岗！"

太阳越升越高，到斯莫尔尼宫开会和办事的人真多，有工人，有士兵，有农民，还有学生。洛班诺夫认真地检查了他们的通行证。

人民委员会主席列宁来了。他一边走，一边在考虑什么问题。

"同志，您的通行证？"洛班诺夫拦住了他。

"噢，通行证，我就拿。"列宁急忙把手伸进衣兜里拿通行证。

一位来开会的同志看到洛班诺夫拦住了列宁查通行证，就生气地嚷起来："放行吧，放行吧！他是列宁！"

"对不起。"洛班诺夫严肃地说，"我没有见过列宁。没有通行证，谁也不能进！"

列宁把通行证交给洛班诺夫。洛班诺夫接过来一看，果然是列宁同志，他非常不安，举手行礼说："列宁同志，请原谅，我耽误了你的时间。"

列宁握住这位年轻战士的手，高兴地说："你做得很对，小伙子！你对工作很负责任。谢谢！"

他又回过头来对旁边那位同志说："你不该责备他。我们就需要这样认真负责的好战士。革命纪律是每个人都应该遵守的，我也不能例外。"

——摘自课文《列宁与士兵》

（三）智能闯关

抽取下列问题进行回答，回答正确进入下一环节，未答对的同学重新抽取问题。

（1）请说出三种有关门的职业。

（2）请说出四个有关门的成语。

（四）观看视频

门卫是守护学校的安保部门。对于国家而言，门卫就是我们的边防战士。大家了解他们吗？我们一起来看一段视频。

（五）设计门卫值班室

（1）完成任务单2。

（2）小设计师活动：设计作品“你心中的门卫值班室”。

任务单2：你心中的门卫值班室
每个人发挥自己的想象，设计一个心中完美的门卫值班室，要充满科技的力量。

（3）小组之间相互投票，评选出三份设计稿，可穿门卫工装拍照留念。

（六）小小采访员

完成任务单3：以小组为单位采访基地的门卫。

任务单3：小小采访员
1.以小组为单位，采访一位门卫，将门卫的日常工作记录下来。
2.门卫常备的安全器械有哪些？分别有什么用途？

（七）我是建筑师

以小组为单位，利用手中的彩泥制作一个门卫值班室。

我是小厨师

【活动目标】

（1）通过本次活动，学生能够了解食堂的烹饪流程。

（2）通过参与、亲身体验食堂厨师的工作，学会做一些力所能及的事。

（3）通过自己劳动获得食物，体会食物的来之不易，以后更加珍惜粮食。

【活动准备】

（1）材料准备：四项工作任务单、包饺子的工具、做饼的工具、择菜篮子、保洁工具等。

（2）人员准备：学生10～12人为一组。

（3）场所准备：家政馆。

【指导建议】

（1）活动前，教师需向学生强调活动过程中的安全注意事项。

（2）活动过程中，教师提醒学生在遵守活动规则和活动要求的情况下，充分发挥自身的想象力和创造力。

（3）教师注意观察学生在活动中的表现，检验学生是否达到活动的预期目标和要求。

【活动实施】

（一）流程

教师接队员（说明活动要求）→分组并推荐组长→发组长工作职责、活动须知、地图→组长组织组员学习→组长领任务单→开始实践→组长考核组员并回交任务单→教师考核小组等级并发放奖励券（半数以上为A级并评为优等）→领取下一个任务。

（二）分组

通过报数的方式将学生分为三大组后，再利用“桃花朵朵开”的小游戏将学生分为10～12人一组，并自由推荐一名小组长。

（三）任务分配

1. 包饺子

（1）组长带组员到食堂家政馆进行实践活动。

（2）说出吃饺子的节日（两个）。

（3）包出三种花式的饺子。

（4）观察饺子外形，谈一谈家里都是谁包饺子。

（5）待饺子煮好后分享，并请老师及工作人员品尝。

（6）学生记录对该活动的体验感受（大家讨论，一人执笔，写成书面材料），组长考核组员等级（A/B）。

（7）实践小组活动考核：等级（优/良），并根据考核结果发放奖励券。

包饺子考核细则

（1）组长带领组员在实践活动期间一律排队行走，不能大声喧哗。

（2）组员做好个人卫生清洁工作。

（3）是否能包出三种花式的饺子。

（4）分享煮熟的饺子是否获得好评。

（5）实践活动考核结束后，组长带领组员根据考核结果有序到考核点领取相应的奖励，并领取下一个实践活动任务单。

包饺子考核单

姓名	等级	
	A	B
组长签名		

2. 做饼

（1）说一说饼的种类（三种），谈一谈自己最喜欢吃哪种饼。

（2）讲一个关于饼的典故或者小故事（如《画饼充饥》）。

（3）做出三种形状的饼。

（4）观察其他组的饼的外形，分享自己做饼的创意心得。

（5）待饼熟后分享，并请老师及工作人员品尝。

（6）学生记录对该活动的体验感受（大家讨论，一人执笔，写成书面材料），组长考核组员等级（A/B）。

（7）实践小组活动考核：等级（优/良），并根据考核结果发放奖励券。

做饼考核细则

（1）组长带领组员在实践活动期间一律排队行走，不能大声喧哗。

（2）组员做好个人卫生清洁工作。

（3）是否能说出有关饼的小故事。

（4）分享熟饼是否获得好评。

（5）实践活动考核结束后，组长带领组员根据考核结果有序到考核点领取相应的奖励，并领取下一个实践活动任务单。

做饼考核单

姓名	等级	
	A	B
组长签名		

3. 择菜

（1）组长带组员到食堂操作间进行实践活动。

（2）谈一谈在家里经常吃的蔬菜种类，并说出蔬菜清洗处理的方式。

（3）按蔬菜种类分组择菜。

（4）分享在家择菜的经历。

（5）学生记录对该活动的体验感受（大家讨论，一人执笔，写成书面材料），组长考核组员等级（A/B）。

（6）实践小组活动考核：等级（优/良），并根据考核结果发放奖励券。

择菜考核细则

（1）组长带领组员在实践活动期间一律排队行走，不能大声喧哗。

（2）组员做好个人卫生清洁工作。

（3）是否能说出不同蔬菜的择菜方式。

（4）是否能处理好择完菜的厨余垃圾。

（5）实践活动考核结束后，组长带领组员根据考核结果有序到考核点领取相应的奖励，并领取下一个实践活动任务单。

择菜考核单

姓名	等级	
	A	B
组长签名		

4. 食堂保洁

（1）组长带组员到食堂进行实践活动。

（2）领取扫帚、簸箕等工具清理过道。

（3）用抹布擦餐桌、窗户、楼梯扶手、踢脚线、消防栓等。

（4）领取拖把，清洁楼道、餐厅地面。

（5）学生记录对该活动的体验感受（大家讨论，一人执笔，写成书面材料），组长考核组员等级（A/B）。

（6）实践小组活动考核：等级（优/良），并根据考核结果发放奖励券。

食堂保洁考核细则

（1）组长带领组员在实践活动期间一律排队行走，不能大声喧哗。

（2）保持食堂保洁区域卫生干净整洁，地面无杂物、污渍，门、楼梯、扶手干净无积尘，过道无烟头、杂物。

（3）实践活动考核结束后，组长带领组员根据考核结果有序到考核点领取相应的奖励，并领取下一个实践活动任务单。

食堂保洁考核单

姓名	等级	
	A	B
组长签名		

劳动实践篇

包饺子活动

餐饮礼学习

为了让学生德智体美劳全面发展，在市、区教育局文件精神的指导下，结合综合实践课程的开设，基地开展了一系列劳动教育活动。活动分为低年级组和高年级组开展，旨在培养学生的劳动习惯和劳动能力，通过劳动让学生参与到家庭事务中，让学生在掌握一般生活劳动技能的同时，提升劳动的成就感，体会劳动光荣和父母的养育之恩，从而形成感恩意识。

崇敬英雄

【活动目标】

（1）通过学习交流，知道常见花朵的寓意，学会根据意境和情境送花。

（2）通过动手制作花朵，增强学生合作交流以及动手操作的能力。

（3）通过回忆历史、了解过去，培养学生热爱生活、崇敬英雄之情。

【活动准备】

（1）材料准备：各种口味糖果、彩纸、白纸、铅笔、3D打印笔、彩泥、刻刀、刻板等。

（2）人员准备：学生10人为一组，男女生各占一半。

【指导建议】

（1）教师事先准备好彩泥、刻刀、刻板等材料，并制作样品，以备在活动中向学生展示。

（2）活动过程中，教师提醒学生在遵守活动规则和活动要求的情况下，要充分发挥自身的想象力和创造力。

（3）教师注意观察学生在活动中的表现，检验学生是否达到活动的预期目标和要求。

【活动实施】

（一）分组小游戏

根据总人数确定要分成几组，每组10人，男女各半。准备10种口味的糖，每种口味各5颗，让组员从中选出一种自己喜欢的，从而对组员进行分组。

（二）项目实施

1. 认一认

（1）学生说一说认识的花朵以及各自的花语。

（2）根据PPT上的图片说花朵的名称及其花语。

2. 想一想

结合PPT的内容完成下列表格。

情境	思念	友情	祝福	离别
代表花				
情境	探望病人	生日	祭祀	各种节日
代表花				

3. 学一学

（1）PPT欣赏名家画（齐白石、徐悲鸿、张大千）。

（2）动手画一幅作品（临摹或写生）。

（3）刻一幅有关花的作品。

4. 看一看

观看一些特定场合献花的礼仪（外交、祭祀英雄）。

5. 实践体验

教师讲述：在并不长的人生旅途中，我们生活得很快乐，很幸福，是因为有一个或一群人在默默地关怀着我们，让我们在前行的过程中虽然有挫折，却倍感温暖，体味着这个精彩世界的美好。同时，因为有了我们的感谢、感激、感恩，这个世界变得更加美丽。此时此刻，大家一定能够想起那些一直关心、扶持你的一个人或一群人，他们是谁呢？

（1）学生回忆、交流关心自己的人。

（2）学生使用3D打印笔制作花朵，并分享交流各自的作品。

（3）老师展示自己的作品，并将作品的寓意、要送的人（刘胡兰）告诉学生。

（4）观看有关刘胡兰的视频。

教师讲述：刘胡兰，一个15岁的小女孩，和大家差不多的年龄，生在不同的年代，却有了不一样的人生。她小小年纪，为了新中国的成立，牺牲在敌人的铡刀之下，献出了年轻而宝贵的生命。毛主席评论道："生的伟大，死的光荣。"今天老师的这朵花要送的人就是刘胡兰，她就是盛开在太行山上永不凋谢的民族精神之花。

（5）观看不同时期代表人物的视频。

时期	代表人物
革命战争时期	刘胡兰、王二小、潘东子
社会主义建设时期	赖宁
改革开放以来	陈柯羽、徐亦讯、石琰

（6）学生制作花圈或花篮献给英雄。

通过剪、刻、捏等形式制作花圈或花篮。

（7）向英雄致敬。

① 环境布置。

刘胡兰的影像、献礼音乐。

② 学生献礼。

学生有序地将小组制作的花圈或花篮献给英雄。

（8）诗歌朗诵。

一起朗诵一首描写英雄的诗——《英雄的春天》。

（9）歌唱祖国。

一起歌唱国歌，向英雄致敬。

快乐生活

【活动目标】

（1）通过欣赏名家画作，提高学生鉴赏审美的能力。

（2）通过自己动手创作，提高学生创造实践的水平。

（3）在与同学共同完成作品的过程中，培养学生沟通交流、合作共享的能力。

（4）在学生创作的过程中，让学生学会发现生活与劳动中的美，树立正确的审美观。

【活动准备】

（1）材料准备：剪刀、刻刀、彩泥、画笔、彩纸等工具。

（2）人员准备：分5组，10～12人为一组。

【指导建议】

（1）教师在课前应多收集与劳动相关的艺术作品，让学生有鉴赏与模仿的素材。

（2）提前准备好剪刀、刻刀、彩泥、画笔、彩纸等工具。

（3）尽可能多地准备一些产品模型，便于学生选择搭配。

【活动实施】

（一）导入

名画欣赏：《墨虾》《白菜》《年年有鱼》《螃蟹》。

教师讲述：画中的这些东西你们都见过吗？这些都是生活中很普通的物品，但经过画家的描绘就变成了价值不菲的艺术品。今天，我们也一起来观察并创作，看看我们能不能成为一名小小艺术家。

（二）项目实施

1. 画一画

学生领取画笔，选择教师提供的产品模型进行绘画。绘画结束后，介绍自己的作品。

2. 捏一捏

（1）展示一些雕塑作品。绘画把生活中的美融入纸中，除了绘画，还有什么形式可以展现这些产品的美呢？

（2）接下来我们就要把平面美转化为立体美。

（3）用彩泥把刚刚画的东西捏出来，并介绍自己的作品。

3. 拼一拼

以小组为单位，自由选取3～5样素材，自由组合，拼出一个作品，然后用老师给的材料（剪刀、刻刀、彩泥、画笔等）将自己的作品重新塑造（45分钟）。要求包含刚刚自己选择的所有素材。完成后进行评比，优胜小组可以获得奖励。

评分细则	得分
整体布局合理，造型美观	
表达形式多样	
选择素材是否全部包括	
超过3样素材每多一样加1分	
介绍表达生动流畅	

4. 总结升华

介绍齐白石及其代表作品。艺术源于生活又高于生活，想要有一个良好的审美观，首先要从热爱生活、热爱劳动开始。

齐白石

齐白石（1864—1957），祖籍安徽宿州砀山，生于湖南长沙府湘潭（今湖南湘潭）。原名纯芝，字渭清，号兰亭。后改名璜，字濒生，号白石、白石山翁、老萍、饿叟、借山吟馆主者、寄萍堂上老人、三百石印富翁。近现代中国绘画大师，世界文化名人。早年曾为木工，后以卖画为生，57岁后定居北京。擅画花鸟、虫鱼、山水、人物，笔墨雄浑滋润，色彩浓艳明快，造型简练生动，意境淳厚朴实。所作鱼虾虫蟹，妙趣横生。齐白石书工篆隶，取法于秦汉碑版，行书饶古拙之趣，篆刻自成一家，善写诗文。曾任中央美术学院名誉教授、中国美术家协会主席等职。代表作有《蛙声十里出山泉》《墨虾》等。

稻草麻雀图（齐白石）

渔翁图（齐白石）

幸福成长

【活动目标】

（1）通过学生观察、思考，了解劳动中创造出的各种艺术形式。

（2）通过亲身实践，感受劳动中的美，从而培养学生尊重劳动、热爱劳动的态度。

（3）通过制作赞美劳动者的艺术作品，表达对劳动人民的尊敬之情。

【活动准备】

（1）材料准备：拼图、笔、歌曲、诗歌等。

（2）人员准备：分5组，10～12人为一组。

【指导建议】

（1）教师在课前应尽量发掘劳动中展现出来的美（声音美、运动美、语言美、形体美、心灵美等）。

（2）将劳动中创造出的艺术形式整理成卡片，可在分组时使用。

（3）多准备一些素材便于学生选择，能够更好地完成最后的作品。

【活动实施】

（一）分组小游戏

产品拼图，能够共同完成一个拼图的为一组。

（二）活动导入

《二十四节气歌》。

教师讲述：生活充满智慧与快乐，下面我们就一起在几个活动中感受智慧与快乐。

（三）项目实施

1. 抬一抬

（1）2～4人为一组，抬一袋50斤的大米完成一段接力，并谈谈感受。

（2）这样的场景你见过吗（纤夫、搬山工的图片）？你能感受到他们的工作吗？

（3）听一听他们的呐喊（播放音频或视频《劳动号子》）。

（4）学一学劳动号子。加上这些呐喊声，再进行一次接力，并谈谈感受。

（5）播放《咱们工人有力量》或《劳动最光荣》。

教师讲述：这些音乐是劳动人民勤劳的象征，朴实的歌词、有力的节奏，唱出了对生活的美好向往，这是劳动中的声音美。

2. 读一读

（1）以小组为单位进行“飞花令”，比一比谁知道的描写劳动或劳动人民的诗词最多。

（2）集体朗诵现代诗歌《劳动人民的血与汗》。

劳动人民的血与汗

辛苦的农民兄弟
给自己一天休息
走出田埂　沿着大米出村的道路
通向城里　大街旁簇拥的鲜花
是大米哺养的人
对土地和农民
积蓄了许久的话语
辛劳的筑路工兄弟
洗去手臂上的泥
到曾挥汗过的城市
那条有你铺筑的大道
车流如云从你眼前经过

像战士接受你的检阅
你曾滴下的血和汗
把混凝土凝得如此坚固平坦
大道旁飘扬的彩旗
是城里人
向你节日的敬礼
劳苦的建楼工兄弟
放下手上的砖块
到你曾经奋战过的城里
那幢众人仰望的摩天大楼
是你和兄弟们用双手
砌上的块块砖头
那楼顶欢乐的气球
是城市对你节日的问候
今天五一节
劳动者流过汗的地方
都有不朽的乐章
在五月的风中交响

教师讲述：这么多的诗歌内容都是源于劳动，劳动创造了诗歌美。

3. 画一画

（1）观看相声《农民模特队》——形体美；展示新时代的模范先锋，了解他们的感人故事——心灵美。

常州市劳动模范赵武岭曾是常州市第五棉纺织厂织毯挡车女工，1989年被评为全国劳动模范。初见赵武岭老人，她思维清晰、精神矍铄、衣着朴素，让人感到一种亲切。提到劳模档案，老人感叹："档案局做了一件大好事。志愿者到我家里征集材料时，我内心真高兴，将所有的资料、照片、证书、奖章等全部捐了出来，我的东西放在展示馆里既安全又放心。能够让档案说话，既传承了劳模精神，又能教育后人，我坚决支持这项工作，这是百年树人的一个极好的舞台。"

像赵武岭这样的全国劳模在常州市还有很多，他们过去用自己的智慧与汗水为社会发展贡献力量、树立标杆，今天又以另一种形式回馈社会、影响后人。

曹德法，2000年被评为全国劳动模范，他曾是黑牡丹（集团）股份有限公司董事长、党委书记。谈到自己热情参与档案志愿服务的经历和感受时，老人深情地说："我是全国劳模，也是志愿者，参与征集工作已经10年了，我最深的感受就是读懂了'志愿'这个词的深刻含义，懂得了志愿者应具备的责任与担当。征集工作非常有意义，要确保征集队伍不能断线，征集劳模的资料也不能断线。在征集过程中，我们一般采取先易后难的步骤，比如我对纺织比较熟悉，因而最先将纺织系统的全国劳模档案资料征集完毕。此外，我们还经常利用微信群发布信息，和劳模进行网上交流，以保证第一时间获取征集线索。印象最深的是党的十九大代表、全国劳模邓建军在党的十九大会议结束后立即将所有的参会资料和证件捐给了档案部门。"

除了像曹德法这样退休后仍发挥余热的老劳模，劳模档案征集志愿者队伍中还有70后、80后、90后，他们虽来自不同领域，但都是"劳模记忆宝库"的奠基人。每年，怀揣着相同梦想的志愿者们相聚一堂，回顾一年来劳模档案工作的情况，共享收获的喜悦，共谋未来发展，志愿者们默默发挥着独特而又不可或缺的作用。

（2）画一画你心中的最美劳动者（可以是一个行业，也可以是一个人）。

总结：他们的外貌未必是最出众的，他们的身材也未必是最完美的，但他们在自己的岗位中兢兢业业，为社会贡献自己的力量，自信自强、敬业友善在他们的身上有着最好的诠释。在这个社会中，每一个凭自己能力奋斗生存的人都是最美的。

4. 劳动赞歌

以小组为单位，以"劳动中的幸福生活"为主题，合作完成一幅刻纸作品（教师可以提供一些简单素材，让学生进行深加工），以刻纸这种艺术形式赞美劳动者，展现劳动可以创造幸福生活，集中体现劳动的美。

学会感恩

【活动目标】

（1）通过体验一些简单的劳动工作，学会一些生活技能，并从中感受到劳动辛苦与生活不易。

（2）通过调查家庭收支情况与相关计算，让学生更亲近生活，培养学生的家庭责任感。

（3）通过创意思考，增强学生的创新思维，让学生在劳动中提升自我。

【活动准备】

（1）材料准备：纽扣、线、纸盒、珠子、胶水、各种口味的糖果。

（2）人员准备：学生10人为一组，男女生各占一半。

【指导建议】

（1）教师事先准备好纽扣、线、纸盒、珠子、胶水等材料，并制作样品，以备在活动中向学生展示。

（2）活动过程中，教师提醒学生在遵守活动规则和活动要求的情况下，要充分发挥自身的想象力和创造力。

（3）教师注意观察学生在活动中的表现，检验学生是否达到活动的预期目标和要求。

【活动实施】

（一）分组小游戏

根据总人数确定要分成几组，每组10人，男女生各占一半。准备10种口味的糖果，每种口味各5颗，让组员从中选出一种自己喜欢的，从而对组员进行分组。

（二）项目实施

1. 填写家庭信息调查表（学生可以现场打电话咨询父母）

家庭信息调查表						
	姓名	年龄	联系方式	职业	工作地址	月收入
父亲						
母亲						

2. 小明一家的故事

（1）若父母均在服装厂工作。（父亲：180元/天；母亲：120元/天）

父亲：整烫衣领0.3元/件。

母亲：缝纽扣0.05元/枚。

（2）若父母均在工艺厂工作。

父亲：糊纸盒0.4元/只。

母亲：串珠子0.4元/条。

（3）算一算。

根据父母在服装厂工作的日收入，完成下列表格。

	需要烫多少衣领	每天工作几小时	每小时烫多少件	每分钟烫多少件
父亲				
	需要缝多少纽扣	每天工作几小时	每小时缝多少枚	每分钟缝多少枚
母亲				

根据父母在工艺厂工作的日收入，完成下列表格。

	需要糊多少盒子	每天工作几小时	每小时糊多少只	每分钟糊多少只
父亲				
	需要串多少条珠子	每天工作几小时	每小时串多少条	每分钟串多少条
母亲				

根据下面表格的内容，计算小明家每天结余约多少元。（按父母在服装厂工作日收入计算）

小明家一天的开支（单位：元）						
电费	燃气费	水费	手机费	网络费	保险	伙食费
20	10	20	20	20	50	30
交通费	杂支					
5	40					

3. 看一看

观看缝纽扣、熨烫衣领的视频。

4. 比一比

以小组为单位，限时1分钟。其中，男生整烫衣领或糊纸盒，女生缝纽扣或串珠子，看哪个小组完成的数量多。

5. 实践体验

（1）以小组为单位，体验小明家父母的劳动生活。男女生合作，选取两种职业中的任一种（服装厂、工艺厂），限时1小时。

（2）以小组为单位，完成表格。

小组选取的职业	男生1小时制作量	女生1小时制作量	小组总收入

（3）每组推选1～2名同学谈谈体会和感想。

（4）根据小明现实生活中的表现，对他提出建议。

小明现实生活中的表现			
	吃	穿	玩
	爱吃各种零食	喜欢穿名牌	爱玩游戏
	爱吃昂贵的食物	爱穿潮服	爱看直播
建议			

（5）议一议。

根据自己的活动感受，发挥想象力，对小明爸爸妈妈的劳动方法提出合理方案，使他们提高工作效率。

	整烫衣领	糊纸盒
父亲		
	缝纽扣	串珠子
母亲		

（6）说一说。

通过本次活动，说一说你想对父母说的话、想对自己说的话、想对同学说的话。

学会生存

【活动目标】

（1）通过学生活动，增强学生的体质与思维能力。

（2）通过自己动手完成午餐，让学生感受自给自足的快乐。

（3）通过活动中的交流与合作，培养学生的沟通与团队精神。

【活动准备】

（1）材料准备：有关生命品质的词语卡片、工作场景图片、毽子、魔方、智力解环道具、鲁班锁、小纸盒、包饺子所需的材料、各类调料、代金券、统计表格等。

（2）人员准备：学生10人为一组。

【指导建议】

（1）提前准备好器材，并提醒学生在活动过程中需要注意的事项。

（2）活动过程中，教师提醒学生在遵守活动规则和活动要求的情况下，能够做到个人与集体相互配合、分工合作。

（3）教师注意观察学生在活动中的表现，检验学生是否达到活动的预期目标和要求。

【活动实施】

（一）分组小游戏

抽签进行分组，准备一些关于生命品质的词语（感恩、自信、高尚、自强、无私等），每个同学进行抽签，抽到相同词语的为一组。

（二）导入

播放各类工作场景：通过视频，学生了解我们的生活所需都是要通过劳动来获取的。

（三）项目实施

1. 踢毽子比赛

活动进行三轮（每组推举一名裁判员）。

第一轮：根据小组成员单次踢毽子的总数来记分。

第二轮：小组成员每人踢1分钟，最后根据小组成员总数记分。

第三轮：根据前两轮的表现，每小组选择2名成员（一男一女）进行比拼，根据每组代表踢的总数记分。

每轮得分最高的小组得12元代金券，其他小组按名次依次减2元。

2. 智力大比拼

（1）给每小组发放魔方道具、智力解环道具、鲁班锁道具，每小组大约20分钟的练习时间。

比赛规则：

① 魔方比赛：每小组派选2名组员参加比赛，完成魔方总用时最短的队伍获胜。

② 智力解环比赛：每小组派选2名组员参加比赛，拆解总用时最短的队伍获胜。

③ 拆解鲁班锁：每小组派选2名组员参加比赛，拆解总用时最短的队伍获胜。

（2）小组竞赛：每轮用时最短的小组得12元代金券，其他按名次依次减2元。

3. 团结就是力量

（1）出示“群龙取水”活动规则。

道具安排：根据距离与难度的比例摆放道具，近距离的在盒子中可放1～2元代金券或等值的调料，远距离的可放4～5元代金券或等值的调料。

（2）小组合作完成活动。

4. 兑换材料，完成菜品

（1）每小组使用已获得的代金券到教师处换取包饺子需要的食材。

物品兑换表

物品	价格（元）	数量（份）
饺子皮	5	1
猪肉白菜馅	8	1
芹菜猪肉馅	8	1
韭菜鸡蛋馅	6	1
青菜馅	5	1
王中王火腿肠	2	1
食用醋	2	1
辣椒	2	1
酱油	2	1
筷子	1	1
碗	1	1
工作人员辅助	8	1

（2）小组合作完成当天的午餐：饺子。

工作人员辅助是工作人员在为大家提供煮的烹饪方式外，可额外为大家提供煎、炸等烹饪方法。

（小学生直接发放饺子皮，初中生则发放面粉自己制作饺子皮）

（3）活动总结。

① 小组讨论，每组评选出当天活动中表现最佳的组员。

② 小组讨论，选取代表分享当天活动中的得与失。

③ 教师总结。

研学实践篇

学生在盐湖城前合照

研学旅行

余秋雨说过："总有人问我，读万卷书，行万里路，两者关系如何？我回答：没有两者，路就是书。只有在路上，才能摆脱局限、摆脱执着，让所有的选择、探寻、猜测、想象都生气勃勃。"这就是对研学旅行最好的回答。让学生走出课堂、走出校园，到更广阔的天地，用心去观察、去感受、去交流、去收获。

爱之旅

【活动目标】

（1）通过国防知识教育，强化和巩固学生的国防意识与国防精神。

（2）通过中华传统艺术的学习，提高家庭幸福指数，懂得感恩。

（3）通过生命课程的学习和实践，提高对生命的认知和敬畏。

（4）通过研学实践的体验，增强对家乡的了解和热爱。

【活动准备】

（1）材料准备：电脑、相应PPT、泥塑刀具（两种）、紫砂泥、擀面杖、刻纸素材、小刀、刻纸宣纸（红色）、玻璃板、报纸装裱框（以上工具每个学生一份，紫砂泥每个学生至少两块）。

（2）人员准备：学生10 ~ 12人为一组。

（3）场所准备：刻纸馆、泥塑馆、航天航空馆、农耕馆、法治馆、红会馆。

【指导建议】

（1）教师提醒学生注意工具的使用方法和安全事项，了解材料的性状，为制作活动做好充分的准备。

（2）在制作泥塑和刻纸的过程中，教师要对学生适度地加以指导。

（3）教师要鼓励学生发挥想象力，自行设计、创作独特的作品。

【活动实施】

（一）爱国

（1）国防文化长廊参观，浏览国防知识。

（2）队列训练，内务整理。

（3）晚间观看大阅兵。

（二）爱家

1. 泥塑

（1）引入。

播放一段泥塑制作过程的视频或者展示PPT，引出当天的主题：用泥塑塑造形象。

（2）说一说。

生活中有哪些东西可以用泥塑来完成？并用PPT展示一些图片。

（3）做一做。

请学生自己做一个泥塑作品，自由发挥。

（4）再次说一说。

就刚才的创作说说自己的创作灵感和过程，与大家分享心得。

（5）学一学，做一做，说一说。

教师教学生捏动物的基本手法，师生共同完成一个小作品（如捏一个小兔子）。

教师教学生泥塑的基本手法，学生用泥条完成一个花瓶或器皿，然后交流自己的创作灵感。

（6）总结、整理。

2. 刻纸

（1）引入。

播放歌曲《找朋友》，告诉学生接下来我们要给蝴蝶找一个好朋友，引出刻纸的内容：小动物。

（2）做一做。

提供小动物的图片给学生自行刻纸，教师给一个外形框架，动物身上的花纹等，学生自由发挥。另外，学生可以在作品中添加一些风景，如云朵、草地、花朵等，但要规定好一幅作品的尺寸大小，刻好后贴在一张纸上（统一尺寸）。

（3）装裱作品。

将贴好的刻纸作品写上姓名、作品名，装到相框里带回家。

（三）爱自己

1. 科技

参观航天航空馆，体验VR，观看5D电影。

2. 法治

参观法治馆，观看法庭实录，学习法律知识。

3. 生命

参观红会馆，观看并学习心肺复苏以及急救包扎。

4. 农耕

参观农耕馆，观看农业发展史，了解未来农业的发展趋势，观光体验金坛农业风貌，探究动物眼中的世界。

（四）爱家乡

参观盐湖城需注意的事项：

（1）强调安全问题。

（2）布置游览任务，发放任务单（详见附件1、附件2、附件3）和笔。

（3）学生游览盐湖城。

（4）游览结束后，请队长收好调查表交给老师，笔回收。

附件1：

研学之旅

庄子有一天做梦，梦见自己变成了蝴蝶，梦醒后发现自己还是庄子，于是他不知道自己到底是梦到庄子的蝴蝶，还是梦到蝴蝶的庄子。这就是“庄周梦蝶”的成语典故。

一、找一找

在盐湖城里，有一个馆内有很多类似这样的成语典故，这座馆是________。

二、画一画

这座馆内有一个很有特色的大门，请同学画出这座馆的大门。

三、学一学

这座馆是体现中国传统文化精髓的创意之馆，大家可以连续用30个成语接龙吗？

四、说一说

你们认为这座馆内最大的特色是什么？

五、小小讲解员

你能向游客介绍一下这座馆吗？同学们互相讲一下。

六、谈一谈

谈谈你在这座馆内学到了什么。

小组成员谈感受情况：

附件2：

研学之旅

这些都是国家非物质文化遗产——金坛刻纸作品。

它们就藏在某个馆里，这个馆有一个非常好听的名字，叫__________。

我们也很想了解这个馆，请按照下面的步骤给我们介绍一下：

1. 请给我们简单地画一下这个馆的结构或者标志性建筑，让我们初步了解一下。

2. 请给我们设计路线图，让我们有机会也去欣赏一番。

3. 请给我们简单描述一下里面的设施，让我们深入了解一下。

4. 我知道它们是金坛乃至中国的非物质文化遗产之一，这种技艺有七大流派，你能说出是哪七大流派吗？

5. 如果找你带我们去参观，你会怎么讲解这个馆呢？

6. 小组成员间试讲一下。

7. 这次活动你们最大的感受是什么？

小组成员签名：

附件3：

研学之旅

“烟火三百里，灶煎满天星。”浩瀚的大海、广阔的滩涂、茂密的盐蒿草，是盐民“煮海为盐”取之不竭的“粮仓”。

一、找一找

盐湖城中与金坛盐矿产有关的场馆名称是______。

二、谈一谈

该馆有哪些特色？用你们的语言描述一下。

三、问一问

馆中端坐的神像是谁？由多少根木棍组成？不同的角度观看有什么区别？

四、画一画

挑选馆中任意一个制盐工艺，简单地画出来。

五、小讨论

如果你是馆中讲解员，你会如何讲解该馆？大家写一写讲解词。

六、讲一讲

同学们互相试讲一下。

七、写一写

每人写一段心得体会。

小组成员签名：

红色传承

【活动目标】

（1）通过分享抗日小故事、参观茅山新四军纪念馆、为革命先辈献花等活动，激发学生热爱祖国的热情。

（2）通过参观金坛开发区工业园、采访四个产业园负责人等活动，培养学生不怕吃苦、勇于奋斗的精神。

（3）通过一日小导游、参观华罗庚科技产业园等活动，学生意识到科技进步与社会发展的密切关系，激发学生大胆追求梦想的信念。

【活动准备】

（1）材料准备：红帽子、红马甲、信封、小故事资料、鲜花、iPad×4、任务单、A4纸、黑色水笔、扩音器×4。

（2）人员准备：学生10～12人为一组。

（3）场所准备：茅山新四军纪念馆、金坛开发区工业园、华罗庚科技产业园。

【指导建议】

（1）教师提醒学生分开完成任务的时候，选出安全员来保障小组成员的安全，选出观察员来记录活动过程中不认真、脱离队伍的组员，最后由组长看准时间集合队伍。

（2）教师带领学生参观三个地方的时候须强调安全注意事项。

（3）教师要鼓励各小组相互合作、敢于沟通、不怕困难。

【活动实施】

（一）分组

（1）通过报数的方式将学生分成4组，每组男女各半。

（2）学生推荐小组长。

（3）小组长给小组成员发放红色帽子及马甲，并监督穿戴好。

（二）报国之路（鲜血）

1. 讲抗日英雄小故事

教师讲述：中华人民共和国的成立，开辟了中国历史的新纪元，半殖民地半封建社会至此结束，中国结束了100多年来被侵略、被奴役的屈辱历史，真正成为独立自主的国家。中国人民从此站起来了，成为国家的主人。作为中国人的一员，我们要铭记历史，向先辈们致敬。

（1）观看《丰碑——17路军的八年抗战》视频。

（2）每组组长抽取抗日英雄小故事。

（3）每组在20分钟内阅读小故事，练习讲述小故事。

（4）每组派代表向大家分享抗日小故事。

学生可以小组合作讲故事，也可以演绎这段故事。抗日英雄小故事分为：刘胡兰的故事、与我们要参观的茅山新四军纪念馆有关的小故事、发生在我们身边“金坛小红妈”的故事以及与学生年龄相仿的小英雄的故事。故事内容见附件1。

2. 参观茅山新四军纪念馆

教师讲述：刚才我们从小故事中知道了一些抗战时期的英雄人物事迹，今天，我们将走进茅山新四军纪念馆，更加深入地了解那个时期发生的故事。

（1）给每组组长发放任务单（见附件2）。

（2）由组长带领组员参观茅山新四军纪念馆并完成任务单。

（3）参观完茅山新四军纪念馆，组长将任务单上交，换取本组的鲜花。

（4）向革命先辈们敬礼、献花。

（5）每组合影留念。

（三）奋斗之路（汗水）——参观并采访金坛开发区工业园

教师讲述：先辈们给我们铺好了道路，我们不能够“坐吃山空”。在这条道路上，我们要继承先辈们艰苦奋斗的精神，让我们的生活更加美好，这样才能对得起自己，对得起先辈们浴血奋战的成果。今天，我们就去参观金坛开发区工业园，去看看他们的奋斗成果。

（1）教师带领学生参观开发区国际化公司同方威视，指导学生如何参观和分享交流。

（2）教师带领学生熟悉整个园区。

（3）教师引导学生进一步了解园区：大家想不想更深入地了解开发区里的企业？让我们作为一个小记者去采访一下，好吗？

（4）教师指导：做好小记者的必备技能。

（5）教师将学生分在四个区域活动：光伏产业园、盐化工业园、纺织服装产业园以及机械电子产业园。

（6）每组组长抽取采访区域并领取采访提纲（附件3）。

（7）小组合作制订采访方案，可根据实际情况修改。

（8）学生分小组自主参观并采访，感受创业者的奋斗史（用iPad获取采访的照片或视频）。

（9）分享交流。

① 学生分组展示采访成果，并分享采访过程中的酸甜苦辣。

② 教师总结：我们国家之所以取得如此骄人的成就，就是一代又一代人前赴后继奋斗的结果。

（四）追梦之路（担当）

1. 今日小导游

教师讲述：华罗庚科技产业园是我们金坛的骄傲，里面集中了很多高、新、尖企业。根据功能及产业定位，华罗庚科技产业园有“四大组团”和“四个中心”，即教育培训、产业孵化、商务办公、公共配套四大组团，研发中心、孵化中心、教育培训中心、综合服务中心四个中心，形成“一园四组团四中心”的格局。今天，我们要做一个小导游，带领大家深入了解这些地方。

（1）教师指导学生如何做好小导游，并给学生发放一份导游词撰写格式（附件5）。

（2）学生学做小导游：上网学习导游讲解视频。

（3）教师分组，将学生分往四个中心：研发中心、孵化中心、教育培训中心、综合服务中心。

（4）学生分组参观分到的区域，撰写导游词，设置参观路线（附件4）。

（5）每组选出一名学生做小组代表，成为小导游。

2. 带领同学参观华罗庚科技产业园

教师讲述：不忘初心，方得始终。华罗庚科技产业园是如何成为我们金坛人的骄傲，如何为金坛人民谋幸福的呢？接下来，请小导游们带领我们参观整个园区，感受一下我们家乡的成就。

（1）在指定地点集合全体学生，小结完成任务情况。

（2）各组小导游带领大家参观并解说相应区域。

（3）全体学生分享今天的收获，教师突出典型企业，增强学生对家乡的自豪感（中德产业园）。

附件1：

报国之路——抗日小故事

故事一：金坛小红妈

小红妈19岁时嫁到金坛建昌，因为儿子叫小红，住在她家的新四军战士都喜欢叫她“小红妈”。

1938年夏秋之交，为了组织群众抗日，中共苏南区党委民运部长兼妇女部长章蕴住到小红妈家。当时敌人规定，如果一家隐藏新四军，就要几家“连坐”。

小红妈家住在天荒湖西的独水墩上，两间小茅屋，四周都是芦苇，极其隐蔽。即使大冬天的晚上，只要拍几下手掌，小红妈就会破冰撑篙，用船把新四军接进家来。

章蕴、陈丕显、江渭清、吴仲超等，先后在小红妈家办公或商议工作。每当这时，小红妈就在门口望风做掩护。有需要时，她就抱着孩子在前面带路。

1940年，陈丕显的爱人小产，身体十分虚弱，小红妈毫不忌讳地将她接到家中。经过40多天的调养，产妇身体慢慢好转，临别时，激动地喊小红妈为“妈妈”。1942年冬天，组织上将江渭清4岁大的儿子小林转移到小红妈家。14个月后，小红妈不仅寻找偏方治好了小林的满身疥疮，还把孩子养得白白胖胖。

后来，敌人还是发觉了小红妈家情况异常，把夫妻俩抓去严刑拷打，逼他们说出新四军的接头人。但他俩什么也没说，后经党组织全力营救脱险，但小红妈的丈夫被打伤，不久后病重去世，而小红妈膝盖也被打坏，满口牙齿都被打掉。

小红妈真正的名字，叫王吉娣。中华人民共和国成立10周年时，小红妈应邀赴京观礼并见到了毛主席。

故事二：抗日小英雄王二小

1943年的一天，河北涞源的一个小山村，鬼子扫荡来了，八路军和干部们组织乡亲们转移。王二小和乡亲们一起转移到长城脚下。

吴连长带着队伍去山那边，说要做个包围圈等鬼子来钻。

鬼子来了。

王二小看到鬼子向乡亲们转移的方向走去，心里着急，就唱着放牛歌走了出来。鬼子看到了山坡上的王二小，让王二小为他们带路。

王二小牵着一头壮牛，带着鬼子就走了。

王二小领着鬼子在山里转圈，狡猾的鬼子起了疑心，鬼子头儿拔出战刀威胁王二小。王二小心里很镇定，却装出害怕的样子，对鬼子说，那边有条路，穿过去就能找到八路。鬼子说："你撒谎，你想骗皇军。"王二小说："那就算了，反正我也不想去。"鬼子相信了王二小，就跟着他走了。

到了八路军埋伏的山沟，王二小机灵地从沟边往山上跑。吴连长一边高喊要王二小快跑，一边开枪打死了向王二小瞄准的鬼子。可是鬼子的小队长还是端着大枪追上了王二小，把刺刀扎进了他的身体……

王二小像一片树叶一样落了下来，满山的树叶一起落了下来，鲜血染红了每一片树叶和绿草。

八路军发起了进攻，消灭了鬼子。大壮牛像是要报仇一样，用尖角挑死了鬼子小队子。

乡亲们把王二小放到担架上。吴连长喊着王二小，乡亲们喊着王二小，可是王二小安详地闭着眼睛。他再也听不到了。

太阳也仿佛被染红了，满山都飘着红色的树叶。

附件2：

报国之路——新四军纪念馆任务单

新四军纪念馆任务单（第一组）	
找到廉政馆中的铁军精神有哪些	
在新四军纪念馆中找到“苏南新四军战斗序列表”，正确绘制出此表	
参观完所有场馆，每个组员写一句观后感	

新四军纪念馆任务单（第二组）	
找到廉政馆中的十大军规有哪些	
在新四军纪念馆中找到“新四军挺进纵队战斗序列表”，正确绘制出此表	
参观完所有场馆，每个组员写一句观后感	

新四军纪念馆任务单（第三组）	
找到将帅馆中陈毅元帅的雕像，并简单介绍其英雄事迹	
在新四军纪念馆中找到苏南人民抗日救亡活动有哪些	
参观完所有场馆，每个组员写一句观后感	

新四军纪念馆任务单（第四组）	
找到将帅馆中粟裕大将的雕像，并简单介绍其英雄事迹	
在新四军纪念馆中找到日军的五大暴行	
参观完所有场馆，每个组员写一句观后感	

附件3：

奋斗之路——工业园新闻采访提纲

工业园采访提纲	
请问我们工业园的管理理念是什么？	
能告诉我们您是如何一步步走向成功的吗？ 其间遇到哪些挫折？	
您对青少年有哪些建议？	
（以下小组讨论自行添加设置采访问题）	

附件4：

追梦之路——华罗庚科技产业园任务单

一日小导游					
组别		导游区域		小导游	
参观本区域后，你们有什么想说的					
你们即将带领其他队伍来这里参观，请设置一条参观路线					
你们打算如何讲解本区域？小组讨论后将导游词写出来					

附件5：

追梦之路——导游词撰写格式

一、导游词的定义

导游词是导游人员引导游客观光游览时的讲解词，是导游同游客交流思想、向游客传播文化知识的工具，也是应用写作研究的文体之一。

二、导游词的特点

其主要特点是口语化，此外，还具有知识性、文学性、礼节性等特点。

三、导游词的结构

一篇完整的导游词，其结构一般包括习惯用语、概括介绍、重点讲解三个部分。

（1）见面时的开头语。开头语包括问候语、欢迎语、介绍语、游览注意事项和对游客的希望五个方面，放在导游词的最前面。如“来自×地的朋友们：大家好！大家辛苦了！首先请允许我代表我们××旅行社欢迎各位朋友来我市观光旅游。我姓桂，是××旅行社的一名导游，大家叫我‘桂导’好了。这位是我们的司机×师傅。在我市旅游期间就由×师傅和我为大家提供服务，我们十分荣幸！大家在此旅游，可以把两颗心交给我们：一颗是‘放心’，交给×师傅，因为他的车技娴熟，有12年驾龄，从未出过任何事故；另一颗是‘开心’，就交给桂导我好了。旅游期间，请大家认清导游旗的标志，以免跟错队伍。请大家记清集中和游览时间，以免因一人迟到而影响大家的活动。大家有什么问题和要求请尽量提出来，我将尽力解决。最后祝大家这次旅游玩得开心、吃得满意、住得舒适。谢谢”。

（2）概括介绍。概括介绍是用概述法介绍旅游景点的位置、范围、地位、意义、历史、现状和发展前景等，目的是帮助旅游者对景点先有个总体了解，引起游览兴趣，犹如“未成曲调先有情”。概括介绍应根据时间和游客情况，可长可短，可详可略。

（3）重点讲解。重点讲解是对旅游线路上的重点景观从景点成因、历史传说、文化背景、审美功能等方面进行详细的讲解，使旅游者对旅游目的地有一个全面、正确的了解。这是导游词最重要的组成部分。

（4）离别时的告别语。告别语包括感谢语、惜别语、征求意见语、致歉语和祝愿语五个方面，放在导游词的最后。如“各位朋友：眼看火车站就要到了，桂导我也要和大家说再见了。常言道：‘相见时难别亦难。’‘送君千里终有别。’在此，桂导我非常感谢各位朋友对我工作的支持。短短几天时间，大家给我留下了非常深刻的印象，谢谢大家的合作！在几天的游览过程中，若有不尽如人意之处，还请各位批评指正，您的意见将是我们努力的方向，您的建议将是我们改进的目标。在返程途中，如果有什么不足之处，还请多谅解。希望大家有机会能再来我市，欣赏我们的春季湖水、夏日荷香、秋天红叶和冬季雪光。一年四季的美景等着您，到时桂导我再来给各位当导游。最后，祝愿大家一路平安、合家欢乐、身体健康”。

国防教育篇

学生进行跑步训练

教官教学示范

国防教育是每一名学生进入高校的必修课，目的是提高学生的综合素质，增强组织纪律观念，培养艰苦奋斗的作风，在强健体魄的同时增强生活自理能力以及培养学生吃苦耐劳的精神。而内务整理是国防教育的重要组成部分，对学生增强生活自理能力、养成良好生活习惯有着非常重要的作用。它既是国防教育的传统项目，又与学生生活联系密切，能体现国家大力提倡的劳动教育，对学生发展有着积极的促进作用。学校因此开设本课程，让学生学习内务整理的相关知识，并按要求实践，真正地感受部队生活，让自己变得更加自强自律。

单个军人徒手队列动作

第一节 立正、稍息、跨立

（一）立正

立正是军人的基本姿势，是队列动作的基础。军人在宣誓、接受命令、见首长和向首长报告、回答首长问话、升降国旗和军旗、奏国歌和军歌等严肃庄重的时机与场合，均应当自行立正。

1. 动作要领

口令：立正。

两脚后跟靠拢并齐，两脚尖向外分开约60度；两腿挺直；小腹微收，自然挺胸；上体正直，微向前倾；两肩要平，稍向后张；两臂下垂，自然伸直，手指并拢自然微曲，拇指贴于食指第二节，中指贴于裤缝；头要正，颈要直，口要闭，下颌微收，两眼向前平视。

2. 动作要点

立正时，要求精神振作，姿态端正，表情自然；要做到“三挺”“三收”“一睁”“一顶”“一平”“一正”，达到“四直”。三挺，即挺腿、挺胸、挺颈。三收，即收小腹、收臀部、收下颌（下颌自然微收）。一睁：精力集中，眼睛自然睁大，眼皮稍向上挑，使黑眼珠保持在眼睛正中央，注视正前方稍远处与眼同高的一个目标，不斜视。一顶，即身体向上顶，身体重心的投影落于两脚分开约60度所形成的等边三角形的中心。一平，即两肩要平，不要出现一高一低、一前一后。一正，即按规定的方向站正身体，使鼻尖、衣扣线与两脚尖连线的中点成一条直线，上体直。四直，即两腿像石桩般打直，两臂像栅栏般垂直，颈部像标杆般挺直，目光像琴弦般绷直。

（二）稍息

稍息是我军单个军人队列动作站法中的一种，用于长时间站立。

1. 动作要领

口令：稍息。

左脚顺脚尖方向伸出约全脚的2/3，两腿自然伸直，上体保持立正姿势，身体重心大部分落于右脚。携枪（筒）炮时，携带的方法不变，其余要领同徒手。稍息过久可自行换脚。

2. 动作要点

上体要保持立正姿势，出脚正，距离准，上体不变形。体重大部分落于右脚，两腿自然挺直。做到“两快”“一准”，即出脚快、收脚快，左脚伸出的距离准确。应把握好“提”“移”“伸”。“提”即左脚顺脚尖方向伸出时，脚跟稍上提，防止搓脚；“移”即身体重心稍向右移，使体重大部分落于右脚；“伸”即保持好方向将左脚伸出全脚掌的2/3。

（三）跨立

跨立主要用于军体操、执勤和舰艇上分区列队等场合。可与立正互换。

1. 动作要领

口令：跨立。

跨立时，左脚向左跨出约一脚之长，两腿挺直，上体保持立正姿势，身体重心落于两脚之间。两手后背，左手握右手腕，拇指根部与外腰带下沿同高；右手手指并拢，自然弯曲，手心向后。

2. 动作要点

跨立时应做到“两快、一准、一协调”，即左脚跨出、收回快，左脚向左跨出一脚之长要准确，出脚收脚和背手放手的动作要协调。

（1）跨步时，左胯稍提，腿挺直，运用左脚外摆的力量跨出。左腿不能弯曲。

（2）身体应保持稳固。左脚跨出时，身体重心应平行向左移，腰部要用好力，上体下体不要脱节。左脚到位的同时，身体重心要移动到位。

（3）两手后背的位置要准确。跨立后，两手后背，左手握右手腕，拇指根部与外腰带下沿同高。

第二节 停止间转法

停止间转法是停止间变换方向的方法，分为向右转、向左转、向后转。需要时，也可以半面向右转和半面向左转。

（一）动作要领

1. 向右（左）转

口令：向右（左）——转。

听到“向右（左）——转”口令后，以右（左）脚跟为轴，右（左）脚跟和左（右）脚掌前部同时用力，使身体协调一致向右（左）转90度，体重落在右（左）脚，左（右）脚取捷径靠拢右（左）脚成立正姿势。转动和靠脚时，两腿挺直，上体保持立正姿势。

2. 向后转

口令：向后——转。

按照向右转的要领向后转180度。

3. 半面向右（左）转

口令：半面向右（左）——转。

按照向右（左）转的要领转45度。

（二）动作要点

几种转法都应注意：两臂不要外张，裆部要夹紧，身体协调一致转动；靠脚时，要取捷径，不得外扫和踩脚；军姿不变，转体和靠脚节奏明显。做到“两快”“两准”“一正”“一稳”。两快，即转体快，利用脚跟、脚掌的合力迅速转向新的方向；靠脚快，左、右脚脚腕用力取捷径迅速靠拢另一脚。两准，即转体的方向要准，靠脚的方向要准，两脚跟靠拢并齐。一正，即转的方向要正。一稳，即身体要稳，上体保持立正姿势。

第三节 蹲下、坐下、起立

蹲下、坐下、起立是单个军人常用的队列动作。

（一）蹲下、起立

1. 动作要领

口令：蹲下、起立。

当听到“蹲下”口令时，右脚后退半步，前脚掌着地，臀部坐在右脚跟上（膝盖不着地），两腿分开约60度，手指自然并拢放在两膝上，上体保持正直。蹲下过久，可以自行换脚。

当听到“起立”口令时，全身协力迅速起立，成立正姿势。

2. 动作要点

蹲下动作要迅速、准确，上体保持良好的军姿，眼平视，挺出胸，腰杆直，两肩平，两手并拢，指尖与膝齐。做到身体协调，保持稳定，上体正直，动作迅速。

（二）坐下、起立

1. 动作要领

口令：坐下、起立。

当听到“坐下”口令时，左小腿在右小腿后交叉，迅速坐下（坐凳子时，听到口令，左脚向左分开约一脚之长），手指自然并拢放在两膝上，上体保持正直。

当听到“起立”口令时，全身协力迅速起立，成立正姿势。

2. 动作要点

坐下时要做到：抬起头，挺直颈，眼平视，挺出胸，两肩平，两手并拢，指尖与膝齐，全身协调，保持平衡，动作迅速，身体要正。

第四节　举手礼、注目礼

敬礼体现军人的文明素养，促进军队内部的团结友爱和互相尊重。

（一）举手礼

1. 动作要领

口令：敬礼、礼毕。

停止间徒手敬礼：上体正直，右手取捷径迅速抬起，五指并拢，自然伸直，中指微接帽檐右角前2厘米处（戴无帽檐或者不戴军帽时，微接太阳穴，与眉同高），手心向下，微向外张（约20度）手腕不得弯曲，右大臂略平，与两肩略成一线，同时注视受礼者。

行进间徒手敬礼：单个军人距受礼者5～7步时，行举手礼。

行进间（跑步时换齐步），转头向受礼者行举手礼（手不随头转动），并继续行进，左臂仍自然摆动。待受礼者还礼后礼毕。

2. 动作要点

敬礼时，上体端正，精神饱满，表情自然，抬臂迅速，手、臂、头定型定位，不歪头、不转体、不耸肩。保持三个“一条线”，即身体上下成一线、大臂与两肩成一线、手与小臂略成一线。

（二）注目礼

1. 动作要领

面向受礼者成立正姿势，同时注视受礼者，并目迎目送（右、左转头不超过45度）。礼毕时，将头转正。

2. 动作要点

身体保持正直姿势，颈要挺直，转头迅速，两眼有神地注视受礼者。

第五节　齐步的行进与立定

齐步是军人行进的常用步伐，通常用于队列和整体行进。

1. 动作要领

口令：齐步——走、立定。

当听到“齐步——走”口令时，左脚向正前方迈出75厘米，按先脚跟后脚掌的顺序着地，同时身体重心前移，右脚照此法动作，上体正直，微向前倾，两手指轻轻握拢，拇指贴于食指第二节。两臂前后自然摆动，向前摆臂时，肘部弯曲，小臂自然向里合，拇指根部对正衣扣线，并高于春秋常服最下方衣扣约5厘米，距身体30厘米；向后摆臂时，手臂自然伸直，手腕前侧距裤缝线30厘米。行进步速每分钟116～122步。

当听到“立定”口令时，左脚向前大半步着地，脚尖向外分开30度，两腿挺直，右脚取捷径靠拢左脚，成立正姿势。

2. 动作要点

齐步走应做到“两平”“一稳”“一合”“一协调”。两平，即一是抬头挺胸，两眼向前平视；二是摆臂时上体保持正直，肩要平、要稳，由小臂带动大臂。一稳，即胯要稳，不要左右摆动、扭胯。一合，即小臂摆动时自然里合，四指轻擦裤缝线。一协调，即身体要协调，左臂和右脚同步，右脚和左臂同步，频率要相同，速度要一致。

第六节　跑步的行进与立定

跑步主要用于快速整齐地行进。

1. 动作要领

口令：跑步——走、立定。

当听到“跑步”预令时，两手迅速握拳（四指卷握，拇指贴于食指第一关节和中指第二节）提到腰际，约与腰带同高，拳心向内，肘部稍向里合，上体微向前倾，两腿微弯。在听到“走”的动令后，左脚利用右脚掌的蹬力跃出85厘米，前脚掌先着地，身体重心前移，右脚照此法动作。上体保持正直，两臂前后自然摆动，向前摆臂时，大臂略垂直，肘部贴于腰际，小臂略平，稍向里合，两拳内侧各距衣扣线约5厘米，向后摆臂时，拳贴于腰际，行进速度每分钟170～180步。

当听到“立定”口令时，再跑两步，然后左脚向前大半步（两拳收于腰际，停止摆动）着地，右脚靠拢左脚，同时将手放下，成立正姿势。

2. 动作要点

（1）提臂迅速，摆臂定位，前摆不露肘，后摆不露手。

（2）两肘里合，快摆短停不“打鼓”，适度里合不揉腹。

（3）第一步要跃出85厘米，而后匀速行进。

（4）行进中前脚掌着地不跺脚。

（5）跑步时不含胸、不驼背、不低头、不后仰。

跑步时的动作要点：提臂快、抱拳准、运臂平、速度匀、靠脚稳。

第七节 正步的行进与立定

正步主要用于分列式和其他礼节性场合。

1. 动作要领

口令：正步——走、立定。

当听到“正步——走”口令时，左脚向正前方踢出约75厘米（腿要绷直，脚尖下压，脚掌与地面平行，离地面约25厘米），适当用力使全脚掌着地，同时身体重心前移，右脚照此法动作；上体正直，微向前倾；手指轻轻握拢，拇指伸直贴于食指第二节；向前摆臂时，肘部弯曲，小臂略成水平，手心向内稍向下，手腕下沿摆到高于春秋常服最下方衣扣约15厘米处，离身体约10厘米；向后摆臂时（左手手心向右，右手手心向左），手腕前侧距裤缝线约30厘米。行进速度每分钟110～116步。

当听到“立定”口令时，左脚再向前大半步着地（脚尖向外约30度），两腿挺直，右脚取捷径迅速靠拢左脚，成立正姿势。

2. 动作要点

正步行进时要注意军姿正，动作自然，摆臂定型定位，步幅、步速准确。做到“三快”，即踢腿快、摆臂快、脚落地快；“两稳”，即踢腿到位稳、脚落地稳；“一协调”，即臂腿协调一致。

第八节　踏步与立定

踏步主要用于调整步伐，以保持队形的整齐。分齐步踏步和跑步踏步两种。

1. 动作要领

口令：踏步、立定。

当听到“踏步”口令时，两脚在原地上下起落。抬腿时，脚尖自然下垂，离地面约15厘米；落下时，前脚掌先着地；上体保持正直，两臂按照齐步或跑步的要领前后摆动。当听到“立定”口令时，左脚再踏一步，右脚靠拢左脚，原地成立正姿势。跑步的踏步，在听到“立定”口令后，继续踏两步，再成立正姿势。

2. 动作要点

踏步是原地动作，应注意不要来回移动位置。上体要保持正直，不要左右扭动。双脚原地上下起落，脚尖自然下垂，上体保持正直，摆臂要自然。

整理内务与军容风纪

（一）整理内务

军人的工作与生活场所应做到整洁、卫生、有序。

军人的被子四四方方，犹如豆腐块，是军营的一道美丽风景线。叠被子也是学生军训时必须掌握的内务整理技能之一。

1. 折被标准

竖折三折，两头对折再对折就是横折四折，中间不能有缝隙。折好后，被子高度是20厘米，长度是55～60厘米，宽度是45～50厘米。

2. 军人叠被子的步骤

（1）把被子平铺，被子的四个角要平饱和。

（2）把被子分成三等份，取1/3的宽度并把被子叠上来，同时要对齐。

（3）把另一半也从1/3处叠上来，然后从一端抹到另一端下，去掉被子里的空气。

（4）把被子的另一个1/3也叠起来，按第二、三步操作，最后抹一下，去掉空气。

（5）再一次把被子分成四等份，把一头叠到对半处。

（6）另一端如第五步同样操作。

（7）两边合并之前再一边抹一下，对齐。

（8）选择把一方再折一次，这样就叠出来了。对于不满意的边角，需要用手整理一下。

3. 军用被四折叠法口诀

被子展开铺平，横向六等均分；内外折叠两次，折面等宽对齐；

纵向对折分半，半部再折取中；半中向外量十，双掌力压两槽；

左右翻转轻扣，上下折面合一；臂压掌抹固形，指挑勾手捏实；
顶后交面垂直，顶前两面九十；前后持平等高，被角合拢不张；
整理十二端角，打出棱线有八；内务形源汗水，豆腐块显真功。

军用被四折叠法

（二）军容风纪

军容风纪是军队和军人的仪表作风、纪律的统称，体现在着装、仪容和举止等方面，是军队精神面貌、军政素质和文化教养的表现，也是军队作风、纪律和战斗力的一种标志。因此，学生军训必须按规定着装，并保持军容严整，规定如下。

（1）按规定戴正军帽。

（2）扣好衣扣，不得披衣、敞怀、挽袖、卷裤腿。

（3）不得在军服外着便衣，不准围围巾。

（4）通常应着制式军服。着便鞋时，只准穿黑、灰、棕色鞋，男、女学生不得穿高跟鞋参加训练。

（5）头发要整洁。男学生不准留大背头、大鬓角和胡须，蓄发不得露于帽外。女学生发辫不得过肩，不准烫发。

（6）不准戴耳环、项链、领饰、戒指等饰物，不得描眉、涂口红、擦胭脂、染指甲，不准戴有色眼镜。

（7）学生必须举止端正、精神振奋、姿态良好，不准袖手、背手和将手插入口袋，不准边走边吃东西，不得挽肩搭臂。

（8）学生在训练期间不得佩戴手表、带手机。

战伤救护

战伤救护是在战斗现场对负伤人员实施的急救、隐蔽、集中和搬运等救护措施的总称，是火线抢救室战场分级救治的起点和重要环节，对及时抢救伤员、防止伤情加重、挽救伤员生命等均具有重要意义。

第一节　包扎

伤口是细菌侵入人体的门户。受伤以后，如果没有条件做清创手术，在现场要先进行包扎。

包扎的目的：保护伤口，减少感染机会；固定敷料和夹板的位置；加压包扎止血；稳定肢体，减轻疼痛。

包扎的具体要求：暴露伤口，判断伤情；妥善处理伤口，注意消毒，避免污染；包扎材料无菌，注意伤口覆盖完全；包扎松紧适当；注意包扎打结或别针固定位置；注意包扎动作。

包扎所用的材料和方法：常用的材料是绷带、三角巾、四头带及其他临时代用品，如衣裤、被单等裁开做包扎用。

方法主要包括：三角巾包扎法、绷带包扎法。

（一）三角巾包扎法

1. 风帽式包扎法

在三角巾顶角和底边中部各打一个结形风帽，顶角结放在额前，底边结放于枕后，包住全头。顶角向下拉紧，底边向外反折呈带状包绕下颌，拉到枕后打结固定。

2. 头部三角巾包扎法

将三角巾底边折叠2～3厘米宽，放于前额眉上，顶角拉至后脑，左右两底角沿两耳上方往后拉至后脑交叉，并压紧顶角，然后再绕到前额打结。顶角拉紧，并向上反折，将顶角塞进两底角交叉处。此方法主要用于头部受伤，有止血、避免伤口感染的作用。

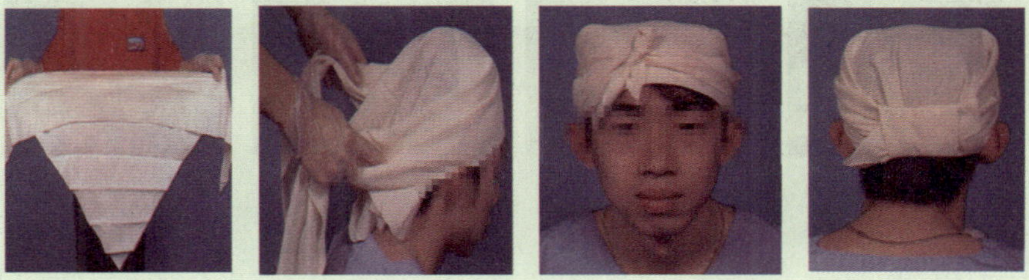

头部三角巾包扎法

3. 下颌包扎法

将三角巾由顶角折至底边呈三四横指宽，取1/3处放在下颌前方，长端经耳前拉到头顶部，绕至对侧耳前与另一端交叉，两端分别经额部与枕部在另一端打结，无三角巾时可用米袋、背包带等物代替。

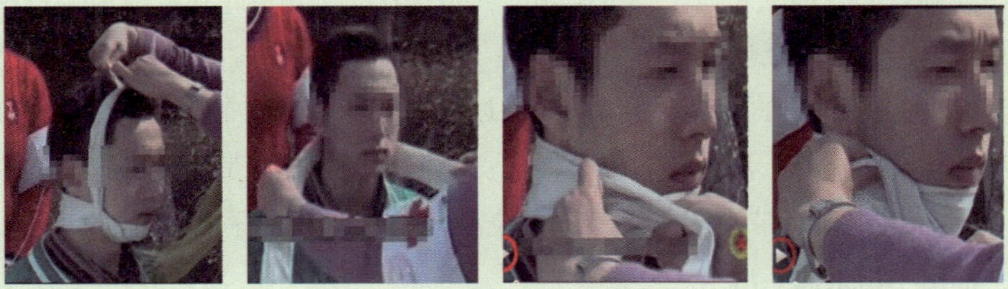

下颌包扎法

（二）绷带包扎法

（1）环形包扎法，适用于包扎额、颈、腕等处。

（2）蛇形包扎法，用于固定敷料或夹板。

（3）螺旋形包扎法，用于包扎直径基本相同的部位，如上臂、手指、躯干、大腿等。

（4）螺旋回返包扎法，用于直径不大相等的部位，如前臂、小腿等。

（5）“8”字形包扎法，用于肢体直径不一致的部位，或肩、髋、膝等屈曲的关节。

（6）回返包扎法：用以固定头部、指端或截肢残端。

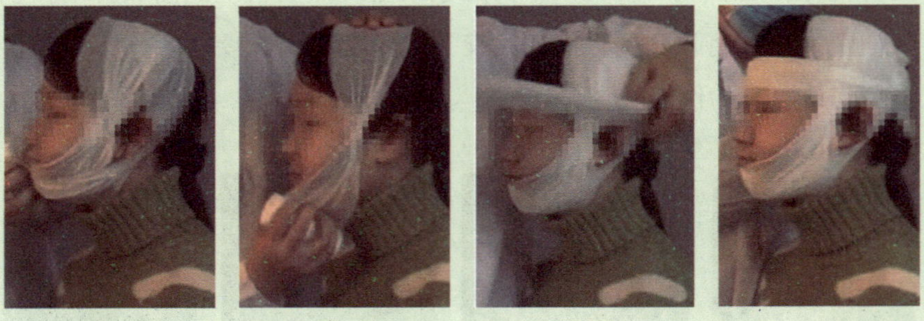

绷带包扎法

第二节　止血

战伤出血是导致伤员休克或死亡的重要原因。在救护过程中，必须迅速、准确地进行止血，才能有效地抢救伤员。

（1）指压止血法。根据动脉血管行走位置，在伤口的近心端，用手指将动脉压在临近的骨面上止血，也可用无菌纱布直挂压于伤口止血。然后更换加压包扎法或用止血带进行止血。

（2）止血带止血法。先在出血处的近心端用纱布垫或衣服毛巾等物垫好，然后扎橡皮止血带。用左（右）手拇、食、中指夹持止血带头端，将尾端绕肢体一圈后压住止血带头端或手指；再绕肢体一圈，用左手食指、中指夹住尾端，抽出手指系成一活结。

（3）无制式止血带可用三角巾、绷带、手帕等方便材料，折叠成带状，缠绕在伤口近心端（仍需加垫），并在动脉走向的背侧打结，然后用小木棒、笔杆、枪通条等插入绞紧，直到不再出血为止。其步骤是一折叠、二缠绕、三固定。

第三节　固定

1. 锁骨骨折固定法

取木板两块，制作成“T”形，夹板加垫，用绷带缠好，然后放在伤员背部用三角巾或绷带固定。

2. 上臂骨折固定法

在上臂外侧放一块木板，用两条布带将骨折上下端固定，前臂用三角巾或腰带吊于胸前，或将手插入相当于三、四纽扣之间的衣襟内，后用米袋或背包带将上臂固定于胸部。没有木板时，可用竹片、三合板、高粱秆、树枝、鞋底等。取材要与上臂同长，尽可能取两三块，用毛巾或衣物做垫，分别置于上臂前、外、后侧，若只有一块可置于外侧，然后用三角巾或布带固定两道，再用腰带将前臂吊于胸前。如果没有方便器材，可用三角巾把上臂直接固定于胸部，再用腰带或三角巾将前臂吊于胸前。

3. 前臂骨折固定法

用两块木板（或木棒、竹片）分别放于掌侧和背侧，若只有一块就放于背侧，用手帕、毛巾叠成带状绑扎固定，然后用三角巾或腰带将前臂吊于胸前。

4. 大腿骨折固定法

将一块长度相当于从脚至腋下的木板（或木棒、竹片等）放于伤肢外侧，在关节和骨突处加垫，用5～7条三角巾（或米袋、腰带等方便器材）将伤肢分段固定。

5. 小腿骨折固定法

将木板放于伤肢外侧，如有两块，则内外各放一块，在关节处加垫，然后用3～6条包扎材料固定。没有木板时，可用木棒、竹片、镐把等代替。

6. 骨折固定的注意事项

伤口有出血时，应先止血包扎，固定时动作要轻巧。四肢骨折，应先固定骨折的上端，然后固定骨折的下端，并要露出指（趾），以便观察血液提供情况。冬季要注意保温，如发现指（趾）苍白或青紫现象时，应松开重新固定。固定器材上下两端应垫以适量的棉花、衣物等，防止压迫皮肤引起损伤，有间隙处亦应填塞，防止松动。离体断肢有再植可能的（断端较整齐、污染较轻、时间较短），应包好后随伤员迅速送医。

第四节　搬运

搬运的具体方法：背夹拖抬架。

搬运伤员要根据敌情、伤情和地形条件，灵活选用搬运方式。搬运时多用徒手、拖、拉、背、抱等方法。

1. 侧身式匍匐搬运法

根据伤员受伤部位决定采用向左或右的侧身匍匐前进。搬运者侧身紧靠伤员，将伤员腰部搬放到搬运者的大腿上，注意使受伤部位朝上，伤员头部和上肢不要着地。

2. 单人背法

即一人单独用背的方式搬运伤员。

3. 双人徒手搬运法

即两人侧身相对，两手对拉成椅子形，伤员坐在上面，两人共同搬运伤员。

第五节　心肺复苏

心脏骤停一旦发生，如得不到及时的抢救复苏，4～6分钟后会造成患者脑和其他人体重要器官组织不可逆的损害。因此，心脏骤停后的心肺复苏尤为重要。

程序（简称A、B、C）与操作如下。

A. 从判断意识是否存在至判断有无自主呼吸。

B. 口对口吹气。

C. 判断脉搏是否消失，胸外心脏按压。

（一）判断患者有无意识与反应

轻拍患者肩部，并高声呼叫："喂！你怎么啦？"

（二）启动EMS系统（院前急救医疗服务系统）

患者如无反应，立即拨打急救电话120，及时启动EMS系统。如现场只有一名抢救者，应同时高声呼救，寻求旁人帮助。《2005年国际心肺复苏及心血管急救指南》建议，如发现患者无反应，应立即打电话，启动EMS。但对于溺水、创伤、药物中毒及8岁以下儿童，先进行徒手心肺复苏（CPR）1分钟后，再打急救电话求救。

（三）将患者置于复苏体位

如患者是俯卧或侧卧位，迅速跪在患者身体一侧，一手固定其颈后部，另一手固定其一侧腋部（适用于颈椎损伤）或髋部（适用于胸椎或腰椎损伤），将患者整体翻动，成为仰卧位，即头、颈、肩、腰、髋必须同在一条轴线上，同时转动，避免身体扭曲，以防造成脊柱脊髓损伤。患者应仰卧于坚实的平面，不应是软床或沙发。头部不得高于胸部，以免脑血流灌注减少而影响CPR的效果。

（四）开放气道

当心搏停止后，全身肌张力下降，包括咽部肌张力下降，导致舌后坠，造成气道梗阻。如将下颌向前推移，可使舌体离开咽喉部，同时头部后伸可使气道开放。如发现口腔内有异物，如食物、呕吐物、血块、脱落的牙齿、泥沙、假牙等，均应尽快清理，否则也会造成气道阻塞。无论选用何种开放气道的方法，均应使耳垂与下颌角的连线和患者仰卧的平面垂直，气道方可开放。在CPR的全过程中，应使气道始终处于开放状态。常用开放气道方法如下。

1. 压额提颌法

如患者无颈椎损伤，可首选此法。站立或跪在患者身体一侧，用一手小鱼际放在患者前额向下压迫，同时另一手食指、中指并拢，放在颌部的骨性部分向上提起，使得颌部及下颌向上抬起、头部后仰，气道即可开放。

2. 双手拉颌法

如已发生或怀疑颈椎损伤，选用此法可避免加重颈椎损伤，但不便于口对口吹气。站立或跪在患者头顶端，肘关节支撑在患者仰卧的平面上，两手分别放在患者头部两侧，分别用两手食指、中指固定住患者两侧下颌角，小鱼际固定住两侧颞部，拉起两侧下颌角，使头部后仰，气道即可开放。

3. 压额托颌法

站立或跪在患者身体一侧，用一手小鱼际放在患者前额向下压迫，同时另一手拇指与食指、中指分别放在两侧下颌角处向上托起，使头部后仰，气道即可开放。在实际操作中，此法优于其他方法，不仅效果可靠，而且省力，不会造成或加重颈椎损伤，而且便于做口对口吹气。

（五）判断有无呼吸

开放气道后，立即将一侧耳部贴近患者的口鼻部，通过一看、二听、三感觉来判断患者有无呼吸。判断时间不得超过10秒，并以看为主，即用眼睛观察患者胸部有无起伏运动。

（六）口对口吹气

口对口吹气是一种快捷、有效的人工通气方法。空气中含氧气21%，呼出气体中仍含氧气约16%，可以满足患者的需要。如口腔严重损伤，不能口对口吹气时，可口对鼻吹气。

（1）确定患者无呼吸后，立即深吸气后用自己的嘴严密包绕患者的嘴，同时用食指、中指紧捏患者双侧鼻翼，缓慢向患者肺内吹气两次。

（2）每次吹气量700～1000毫升（或10毫升/千克），每次吹气持续2秒，吹气时见到患者胸部出现起伏即可。

（3）如果只进行人工通气，通气频率应为10～12次/分钟。吹气过程中，应始终观察患者胸部有无起伏运动。吹气时如胸部无起伏或感觉阻力增加，应考虑到气道未开放或气道内存在异物阻塞。

（4）专业人员也可选择其他通气方式，如球囊—面罩、气管插管等。

（七）判断有无颈动脉搏动

非专业人员在进行CPR时，不再要求检查颈动脉是否搏动。但对于专业人员来说，仍要求检查脉搏，以确定循环状态。检查脉搏应用食指、中指触摸颈动脉（位于胸锁乳突肌内侧缘），而绝不可选择桡动脉。检查时间不得超过10秒。如不能确定循环是否停止，应立即进行胸外心脏按压。

（八）胸外心脏按压

胸外心脏按压是重建循环的重要方法，正确的操作可使心排血量达到正常时的1/4～1/3，脑血流量可达到正常时的30%，这就可以保证机体最低限度的需要了。

1. 按压原理

通过按压胸骨，使胸腔内压力增高，促使心脏排血。放松时，胸腔内压力降低，且低于静脉压，从而使静脉血回流于右心，即“胸泵原理”。另外，心脏受到直接挤压也会产生排血。放松时，心腔自然回弹舒张，使得静脉血回流于右心，即“心泵原理”。多数学者认为，胸外心脏按压能导致人工循环是这两种机制共同作用的结果。

2. 胸外心脏按压的方法

（1）操作时，根据患者身体位置的高低，站立或跪在患者身体的任何一侧均可。必要时，应将脚下垫高，以保证按压时两臂伸直、下压力量垂直。

（2）按压部位。按压部位原则上是胸骨下半部，常用以下定位方法。

① 用触摸颈动脉的食指、中指并拢，指尖沿患者靠近自己一侧的肋弓下缘，向上滑动至两侧肋弓交汇处定位，即胸骨体与剑突连接处。

② 另一手掌根部放在胸骨中线上，并触到定位的食指。

③ 将定位手的掌根部放在另一手的手背上，使两手掌根重叠。

④ 手掌与手指离开胸壁，手指交叉相扣。

（3）按压姿势。两肩正对患者胸骨上方，两臂伸直，肘关节不得弯曲，肩、肘、腕关节成一垂直轴面。以髋关节为轴，利用上半身的体重及肩、臂部的力量垂直向下按压胸骨。

（4）按压深度。一般要求按压深度达到4～5厘米，约为胸廓厚度的1/3，可根据患者体形等情况灵活掌握，按压时可触到颈动脉搏动效果最为理想。

（5）按压频率为100次/分钟，不要小于100次/分钟。

（6）口对口吹气与胸外心脏按压的比例为2∶30，即每做两次口对口吹气后，立即做30次胸外心脏按压。单人操作为2∶30，双人操作为1∶15。

3. 胸外心脏按压的注意事项

（1）确保正确的按压部位，既是保证按压效果的重要条件，又可避免和减少肋骨骨折的发生以及心、肺、肝脏等重要脏器的损伤。

（2）双手重叠，应与胸骨垂直。如果双手交叉放置，则使按压力量不能集中在胸骨上，容易造成肋骨骨折。

（3）按压应稳定地、有规律地进行，不要忽快忽慢、忽轻忽重，不要间断，以免影响心排血量。

（4）不要冲击式地猛压猛放，以免造成胸骨、肋骨骨折或重要脏器的损伤。

（5）放松时要完全，使胸部充分回弹扩张，否则会使回心血量减少。但手掌根部不要离开胸壁，以保证按压位置的准确。

（6）下压与放松的时间要相等，以使心脏能够充分排血和充分充盈。

（7）下压用力要垂直向下，身体不要前后晃动。正确的身体姿势既是保证按压效果的条件之一，又可节省体力。

（8）最初做口对口吹气与胸外心脏按压4～5个循环后，检查一次生命体征。以后每隔4～5分钟检查一次生命体征，每次检查时间不得超过10秒。

分列式

第一节　迎军旗

迎军旗，在阅兵式开始前进行。将展开的军旗持入队列时，主持迎军旗的指挥员下达“立正”“迎军旗”口令。听到口令后，掌旗员（扛旗）和护旗兵齐步行进，由正前或者左前方向列队右翼进至距队列40～50步时，主持迎军旗的指挥员下达“向军旗敬礼”口令。听到口令后，位于指挥位置的方队指挥员行举手礼，其余人员行注目礼；掌旗员（由扛旗换端旗）、护旗兵换正步，取捷径向队列右翼排头行进。当超过第一方队队形时，主持迎军旗的指挥员下达“礼毕”口令，全体礼毕；掌旗员（由端旗换扛旗）、护旗兵换齐步。军旗进至第一方队指挥员右侧3步处时，左后转弯立定，成立正姿势。

第二节　阅兵式

1. 阅兵首长接受阅兵指挥报告

当阅兵首长行至列队右翼适当距离时或者在阅兵台就位后（阅兵首长检阅时，由教育局一名领导陪同入场并陪阅），阅兵指挥在队列中央前下达“立正”口令，随后跑到距阅兵首长5～7步处敬礼，待阅兵首长还礼后礼毕并报告。例如“首长同志，南宁市高级中学军训学生列队完毕，请您检阅”。报告后，左跨1步，向右转，让首长先走，然后在教育局领导右后侧（当首长检阅时，教育局领导在首长右后侧）跟随陪阅。

2. 阅兵首长向军旗敬礼

阅兵首长行至距军旗适当位置时，应当立正向军旗行举手礼（陪阅人员面向军旗，行注目礼）。

3. 阅兵首长检阅部队

当阅兵首长行至各学校方队右前方时，方队指挥员下达“敬礼”口令。听到口令后，位于指挥位置的方队指挥员行举手礼，其余人员行注目礼，目迎目送首长（左、右转头不超过45度）。当首长问候“同志（同学）们好”或者“同志（同学）们辛苦了”时，队列人员应当齐声洪亮地回答“首长好”，或者“刻苦训练！保卫祖国”。当首长通过后，方队指挥员下达“礼毕”口令，队列人员礼毕。

4. 阅兵首长上阅兵台

阅兵首长和教育局领导检阅完毕后登上阅兵台，阅兵指挥跑步到队列中央前，下达“稍息”口令，队列人员稍息。

第三节　分列式

分列式应当设四个标兵。第一、二标兵之间和第三、四标兵之间的间隔各为15米，第二、三标兵之间的间隔为40米。标兵应当携带半自动步枪，并在枪上插标兵旗。

分列式程序如下。

1. 标兵就位

分列式开始前，阅兵指挥在队列中央前，下达“立正”“标兵，就位”口令。标兵听到口令后，成一路纵队持（托）枪跑步到规定的位置，面向部队成持枪立正姿势。

2. 调整学生分队为分列式队形

标兵就位后，阅兵指挥下达“分列式，开始”口令，然后跑步到阅兵台右侧位置。听到口令后，各分队按照规定的方法携带武器（掌旗员扛旗），各分队指挥员进入本分队队列中央前，下达“右转弯，齐步走”口令，指挥分队变换成分列式队形。

3. 开始行进

变换成规定的分列式队形后，方队指挥员下达“齐步走”口令，指挥本方队人员前进。

4. 接受首长检阅

各方队行至第一标兵处，将队列调整好。行至第二标兵处，掌旗员下达“正步走”口令，并和护旗兵同时由齐步换正步，由扛旗换端旗（掌旗员和护旗兵不转头）。此时，阅兵首长和陪阅人员应当向军旗行举手礼。各方队指挥员分别下达“向右看”口令，队列人员听到口令后（可喊“一、二”），按照规定换正步（步枪手换端枪）行进，并在左脚着地的同时向右转头（位于指挥位置的方队指挥员行举手礼并向右转头，各列右翼第一名不转头）不超过45度注视阅兵首长。此时，阅兵台最高首长行举手礼，其他人员行注目礼。

行至第三标兵处，掌旗员下达“齐步走”口令，并与护旗兵由正步换齐步，同时端旗换扛旗。其他方队由上述指挥员分别下达“向前看”口令，队列人员听到口令后，在左脚着地时礼毕（将头转正），同时换齐步（步枪手换提枪）行进。各方队通过第四标兵处，换跑步带到指定的位置。待最后一个方队通过第四标兵处，阅兵指挥下达“标兵，撤回”口令，标兵按照相反顺序跑步撤至预定位置。

第四节　送军旗

送军旗，在分列式结束后进行。

送军旗时，主持送军旗的指挥员下达“立正”“送军旗”口令。听到口令后，掌旗员（成扛旗姿势）、护旗兵按照迎军旗路线的相反方向齐步行进。军旗出列后行至学生列队右前侧时，主持送军旗的指挥员下达“向军旗敬礼”口令。听到口令后，掌旗员（由扛旗换端旗）、护旗兵换正步，全体按照迎军旗的规定敬礼。当军旗离开距队列正面40～50步时，主持送军旗的指挥员下达

“礼毕”口令，全体礼毕；掌旗员（由端旗换扛旗）、护旗兵换齐步，返回原出发位置。

送军旗结束后，阅兵指挥调整好队形，请阅兵首长讲话。讲话完毕，阅兵指挥下达“立正”口令，向阅兵首长报告阅兵结束。